Eine Welt – zwei Wahrnehmungen

Guido Kopp · Katrin Moser

Eine Welt – zwei Wahrnehmungen

Wie Autisten die Welt erleben und was sie darüber denken

Guido Kopp
Dornum, Deutschland

Katrin Moser
Dornum, Deutschland

ISBN 978-3-662-60693-3   ISBN 978-3-662-60694-0   (eBook)
https://doi.org/10.1007/978-3-662-60694-0

Die Deutsche Nationalbibliothek verzeichnet diese Publikation in der Deutschen Nationalbibliografie; detaillierte bibliografische Daten sind im Internet über http://dnb.d-nb.de abrufbar.

© Springer-Verlag GmbH Deutschland, ein Teil von Springer Nature 2020

Das Werk einschließlich aller seiner Teile ist urheberrechtlich geschützt. Jede Verwertung, die nicht ausdrücklich vom Urheberrechtsgesetz zugelassen ist, bedarf der vorherigen Zustimmung des Verlags. Das gilt insbesondere für Vervielfältigungen, Bearbeitungen, Übersetzungen, Mikroverfilmungen und die Einspeicherung und Verarbeitung in elektronischen Systemen.

Die Wiedergabe von allgemein beschreibenden Bezeichnungen, Marken, Unternehmensnamen etc. in diesem Werk bedeutet nicht, dass diese frei durch jedermann benutzt werden dürfen. Die Berechtigung zur Benutzung unterliegt, auch ohne gesonderten Hinweis hierzu, den Regeln des Markenrechts. Die Rechte des jeweiligen Zeicheninhabers sind zu beachten.

Der Verlag, die Autoren und die Herausgeber gehen davon aus, dass die Angaben und Informationen in diesem Werk zum Zeitpunkt der Veröffentlichung vollständig und korrekt sind. Weder der Verlag, noch die Autoren oder die Herausgeber übernehmen, ausdrücklich oder implizit, Gewähr für den Inhalt des Werkes, etwaige Fehler oder Äußerungen. Der Verlag bleibt im Hinblick auf geografische Zuordnungen und Gebietsbezeichnungen in veröffentlichten Karten und Institutionsadressen neutral.

Einbandabbildung: © [M] Andrii Zastrozhnov/Getty Images/iStock

Planung/Lektorat: Heiko Sawczuk
Springer ist ein Imprint der eingetragenen Gesellschaft Springer-Verlag GmbH, DE und ist ein Teil von Springer Nature.
Die Anschrift der Gesellschaft ist: Heidelberger Platz 3, 14197 Berlin, Germany

Geleitwort

Die Autoren des Buches „Eine Welt – zwei Wahrnehmungen" erzählen in diesem Text die Geschichte einer immer spannenden und auch anrührenden psychotherapeutischen – oder sollte man vielleicht besser nur sagen, menschlichen – Begegnung.

Es ist die Geschichte einer jungen Frau, der man aus der nüchtern klinischen Perspektive die Diagnose eines hochfunktionalen Autismus geben würde, und die nach Hilfe sucht, um mit den Besonderheiten und Herausforderungen ihrer Schwächen, aber auch Stärken in ihrem Leben bestehen zu können. Der Erfahrungshorizont dieser Protagonistin kann fast schon als archetypisch für Menschen mit hochfunktionalem Autismus begriffen werden. Die besondere Sensitivität – aber auch Empfindlichkeit – der eigenen Wahrnehmung, die Bedrohungen durch eine komplexe Reizüberflutung in alltäglichen Lebenssituationen – die von nicht-autistischen Menschen gerade wegen dieser bunten Reizvielfalt als angenehm empfunden werden –, die Schwierigkeiten, Sprache in ihrer pragmatisch-metaphorischen und nicht konkretistischen Bedeutung zu verstehen, das große Bedürfnis nach erwartungsgemäßen Abläufen und einer geregelten Lebensstruktur, die Neigung, bei Stress in Anspannungszustände zu geraten oder dissoziierend „einzufrieren", all diese charakteristischen Probleme mischen sich mit den typischen Stärken wie einer hohen analytischen Intelligenz, einer großen Autonomie und Unabhängigkeit im Denken von den Meinungen anderer, einer außergewöhnlichen Kreativität und ästhetischen Kompetenz, ja, und trotz aller autistischen Schwierigkeiten mit der kognitiven Empathie und Theory of Mind auch mit einer dennoch oft vorhandenen guten Menschenkenntnis, zu einem besonderen Stärke-Schwäche-Profil, was die Faszination und exotische Besonderheit dieser Menschen ausmacht. Aber, diese ungewöhnliche Mischung an Stärken und Schwächen begründet eben auch die zahlreichen Missverständnisse und für Außenstehende oft schwer zu verstehenden Überforderungen und Reaktionsweisen autistischer Menschen im Alltagsleben.

Um mit dieser besonderen Melange aus Stärken und Schwächen in ihrem Alltagsleben bestehen zu können, sucht unsere Protagonistin nach therapeutischer Hilfe und Begleitung und findet sie in einem ebenfalls ungewöhnlichen Charakter, der hier als Herr Armona vorstellig wird. Dazu entwickelt sich der Text fast wie ein platonischer Dialog von Selbstreflexionen, Kommentaren und Beschreibungen der sich entspinnenden Begegnungen und Unterhaltungen dieser beiden Menschen in einem, vielleicht etwas atypischen, therapeutischen Kontext.

Aus der Perspektive des Therapeuten wird geschildert, wie auf der Grundlage einer großen Offenheit und einer guten Beobachtungsgabe die Verdachtsdiagnose einer Autismusspektrumstörung aufkeimt. Mit großer Sympathie und Wohlwollen werden dabei die Eigenheiten der autistisch strukturierten Frau wahrgenommen, beschrieben und eingeordnet. Und therapeutisch entwickelt sich genau das, was wahrscheinlich für jede therapeutische Beziehung auch unabhängig vom Thema Autismus das Entscheidende ist, nämlich eine authentische, ehrliche und von Respekt und Sympathie getragene zwischenmenschliche Begegnung, in der Entwicklung und persönliche Entfaltung im Angesicht der unübersehbaren Schwächen und nicht nur trotz, sondern vielleicht auch wegen der Erfahrungen des Scheiterns möglich werden.

Aus der Sicht der Unterstützung suchenden Frau werden ebenso lebendig und überzeugend die Herausforderungen anschaulich beschrieben, denen sich ein autistisch strukturierter Mensch gegenübersieht, wenn er mit einem nicht-autistischen, liebenswürdigen und manchmal vielleicht auch etwas chaotischen Therapeuten konfrontiert ist. Der autistische, staunende, und von ebenso viel Wohlwollen getragene Blick auf die Eigenheiten des nicht-autistischen Therapeuten offenbart dabei Besonderheiten der „neurotypischen" Seinsweise, die aus autistischer Perspektive nicht weniger seltsam anmuten als viele „autistische Schrullen" aus Sicht des Therapeuten.

Dieses narrative Sachbuch schildert all dies auf authentische, spannende und jederzeit lesenswerte Art und Weise. Er zeichnet die Dynamik und Geschichte dieser therapeutischen Beziehung nach. Sie steuert mit Verve auf eine große Herausforderung, Überforderung und eine weitere Erfahrung des Scheiterns zu. Diese wandelt sich dann aber in ihrer Annahme doch noch in einen Prozess des Reifens und Wachsens, in eine Geschichte der

Entfaltung des Lebens in kreativer Auseinandersetzung mit den eigenen Unfreiheiten. Und gerade in diesem entscheidenden Punkt gibt es auch gar keine wesentlichen Unterschiede zwischen der autistischen und nicht-autistischen Seinsweise.

Das Sachbuch ist sehr gut zu lesen, spannend geschrieben, authentisch und ehrlich und schildert eine lebendige und deshalb auch erfolgreiche zwischenmenschliche (therapeutische) Beziehung zweier ungewöhnlicher Menschen. Es ermöglicht auf unterhaltsame und unaufdringliche Art und Weise die Einsicht in die Lebenswelt nicht nur einer intelligenten und begabten autistischen Frau, sondern auch in die eines ebenfalls besonderen und ungewöhnlichen Therapeuten und in ihre zwischenmenschliche Interaktion. Ich kann es zur Lektüre nur empfehlen.

Freiburg Prof. Ludger Tebartz van Elst
den 30.08.2019

Vorwort

Können Sie Gesichter oder Stimmen wiedererkennen? Erkennen Sie, ob jemand wütend oder erfreut ist? Ob er Angst hat? Können Sie störende Hintergrundgeräusche einfach ausblenden? Wissen Sie, wie man sich im Alltag begrüßt und verabschiedet? Sind plötzliche Planänderungen für Sie eine Katastrophe? – Diese und ähnliche Fragen, die sich auf scheinbar gewöhnliche Wahrnehmungsprozesse und soziale Situationen beziehen, werden nur selten gestellt. Man unterstellt einfach, dass so einfache Dinge wie sich begrüßen in der Regel problemlos bewältigt werden. Oder dass man Menschen, die einem vertraut sind, auch in ungewohnten Umgebungen oder nach einem Friseurbesuch wieder erkennt. Menschen, die das nicht intuitiv beherrschen, die nicht ohne weiteres die Betonung eines Wortes nachvollziehen können, die nicht die unausgesprochenen Regeln menschlicher Geselligkeit scheinbar mühelos befolgen, die feste Strukturen und Abläufe bevorzugen, die fallen dann auf. Und werden im besten Falle sonderbar genannt, oft werden sie dann aber auch als Spinner bezeichnet. Dass sich diese Menschen dann nach vielen Jahren der negativen Erfahrungen – häufig von frühester Kindheit an – zurückziehen, ist nur verständlich. Und oft werden sie dann zu dem, zu dem die Mitmenschen sie schon lange abgestempelt haben: abweisend, sich zurückziehend, unfreundlich.

Die gängigen Klassifikationssysteme haben dann auch schon eine Diagnose bereit: Asperger-Autismus, Hochfunktionaler Austismus, Autismus-Spektrum-Störung und gegebenenfalls noch weitere psychische Störungsbilder. Und nun?

Wenn ich mit meinen Studierenden im Seminar die einzelnen Störungsbilder bespreche, dann sind natürlich die Symptome, wie sie zum Beispiel im ICD-10 beschrieben sind, zunächst die zentrale Grundlage. Da gibt es dann sehr sachliche Formulierungen wie zum Beispiel die folgende:

„Diese Störung von unsicherer nosologischer Validität ist durch dieselbe Form qualitativer Abweichungen der wechselseitigen sozialen Interaktionen, wie für den Autismus typisch, charakterisiert, zusammen mit einem eingeschränkten, stereotypen, sich wiederholenden Repertoire von Interessen und Aktivitäten."

Viel spannender als die Symptombeschreibungen in den Klassifikationssystemen und Lehrbüchern sind in den Seminaren aber offenbar die vielen Geschichten und Erlebnisse, die dahinter stecken, die daraus resultieren. Was passiert da tatsächlich im interaktiven Prozess? Wie unterschiedlich sind die Perspektiven? Was bedeutet es eigentlich ganz konkret im Alltag, wenn man irgendwo im Bereich Autismus-Spektrum-Störung unterwegs ist? Das vorliegende Sachbuch versucht, genau diese Situationen und diese unterschiedlichen Sichtweisen anschaulich und auch unterhaltsam darzustellen. Genau das, was eben nicht üblicherweise im Alltag passiert, wird hier sehr detailliert und kleinschrittig gegenübergestellt: Die gegenseitige Reflexion der gemeinsam erlebten Interaktion. Ohne Wertung, dafür aber mit dem Versuch einer Anleitung und möglichen Erklärungen. Das sind die einzelnen Kapitel „Über den Tellerrand …". Hier werden zentrale Aspekte aus wissenschaftlicher Perspektive erörtert.

Insgesamt beruhen die geschilderten Ereignisse und auch die Email-Kommunikation auf tatsächlich stattgefundenen Erlebnissen. Als die Idee geboren war, haben Fenna und Herr Armona je unabhängig voneinander die persönliche Wahrnehmung der Situationen aufgeschrieben und dann später gegenüber gestellt. Genauso war das Vorgehen bei den „Zwischengedanken". Daher ist die Darstellung und Formatierung der Beschreibungen vielleicht zunächst ungewohnt. Denn es werden parallel und Schritt für Schritt die je eigenen Wahrnehmungen und Interpretationen der Situationen wiedergegeben.

Das ist der eine Teil. Darüber hinaus sind die Beschreibungen der einzelnen alltäglichen Situationen ein Versuch, eine Brücke zwischen traditionellen Hilfeformen wie Psychotherapie, Coaching und Sozialer Arbeit zu schlagen. Daraus ergibt sich dann die Herausforderung, wie nun der Einzelne oder die Gesellschaft kooperierend und unterstützend die Betreffenden begleiten kann. Daher ist der gesamte Beratungsprozess, wie er hier geschildert wird, ganz im Sinne einer lebensweltorientierten sozialen Arbeit wie bei Kabsch (2018, S. 102) zu verstehen:

„Um in Aushandlungsprozesse treten zu können, die tatsächlich zu einem gelingenderen Alltag führen können, ist es daher unabdingbar, in allen Strukturmaximen und Dimensionen

der Lebensweltorientierung zu denken. Es geht um den Austausch auf derselben Ebene aus unterschiedlichen Perspektiven auf die Lebenswelt, und allgemein auf die Welt in ihrer Gänze der Realität und Wirklichkeit.

Das gegenseitige Lernen, ausgehend vom subjektiven Erleben, kann im Austausch und in der Aushandlung nicht nur zu höherer Selbstwirksamkeit und vermehrter gegenseitiger Verhaltensannäherung führen, sondern zu ganz neuen Zugängen in und zur Wirklichkeit. Dabei gilt es nicht nur bereits erwähnte Fragen zu klären, wie z.B. ‚Wo erfüllt (herausforderndes) Verhalten auch Funktionen?', sondern primär: ‚Wie können wir voneinander und miteinander profitieren und interagieren?'"

Paul Watzlawick soll einmal gesagt haben: „Der Andersdenkende ist kein Idiot, er hat sich eben eine andere Wirklichkeit konstruiert." Im ersten Impuls möchte der eine oder andere vielleicht aufmerken und darauf hinweisen, dass die Wirklichkeit immer gleich ist. Denkt man jedoch etwas länger darüber nach, stellt man fest, dass dem mitnichten so ist. Denn was ist die Wirklichkeit? Ist es das, was ist? Oder ist es das, was wir wahrnehmen? Und wenn es das ist, was wir wahrnehmen – nehmen wir alle das gleiche wahr? Und wie gehen wir mit jenen um, deren Wahrnehmung anders ist?

An dieser Stelle soll nicht in die Tiefe der philosophisch-konstruktivistischen Diskussion eingestiegen werden, dennoch muss sie zumindest erwähnt werden, denn es ist das, was das vorliegende Buch prägt: ein Prozess des Suchens nach dem, was die Wirklichkeit der Welt und der Menschen ausmacht. Sehr schnell landen die Protagonisten bei ihren Denk- und Wahrnehmungssystemen und stellen diese gegenüber.

In den letzten Jahren habe ich viel mit Menschen – Bekannten und Fremden – über ihre Wahrnehmung gesprochen und festgestellt, dass das viel zu selten geschieht. Wir alle kennen unsere Wahrnehmung, wissen darum, nutzen sie tagtäglich intuitiv, und doch hinterfragen wir sie nicht. Frage ich mein Gegenüber, was es gerade hört, sieht oder riecht, dann ernte ich häufig Irritationen. Denn es ist doch offensichtlich. Erst im Dialog wird klar, dass es doch Unterschiede gibt. Ein Effekt, den übrigens jeder Polizist, der mehrere Zeugenaussagen bei einem Autounfall aufnehmen soll, bestätigen kann.

Der Mensch konstruiert seine Umgebung und seine, ganz persönliche Wirklichkeit. Dies geschieht mittelbar durch die Sinnesorgane, durch das Hören, Sehen, Riechen, Fühlen. Kein Mensch hat einen unmittelbaren Zugang zur Wirklichkeit. Und doch gibt es Schnittmengen, Bereiche, die ähnlich sind. Ähnlich, aber nicht deckungsgleich. Diese Diskrepanzen in der Wahrnehmung sind bei jedem einzelnen Menschen vorhanden, dennoch ist die Schnittmenge meist so groß, dass dadurch wenig Konflikte entstehen.

Betrachtet man nun den Bereich der Autismus-Spektrum-Störungen, so scheint es, dass zumindest ein Teil der Symptome – gerade jene, die vom Umfeld häufig als am belastendsten wahrgenommen werden – genau hier ansetzen: die Wahrnehmung arbeitet anders und so wird eine Wirklichkeit konstruiert, die nicht mehr deckungsgleich ist mit der Konstruktion der Mehrzahl der Menschen. Und das führt zu Verwirrung, Irritationen und Missverständnissen auf beiden Seiten.

Genau diesen Konstruktionen in alltäglichen Dingen möchte sich dieses Buch annehmen: es werden Wahrnehmungen gegenübergestellt, die teils komplett verschieden wirken, aber trotzdem ein und dieselbe Situation beschreiben. Einmal ist es die neurotypische, nicht-autistische Wahrnehmung des Herrn Armona, auf der anderen Seite die autistische Wahrnehmung der jungen Frau namens Fenna. Diese Beschreibungen entstanden im Laufe mehrerer Monate und zeigen auf, wie bereits das Wissen um die andere Wahrnehmung eine Annäherung beider Denksysteme bewirkt. Daraus erwächst ein gegenseitiges Verstehen auf beiden Seiten. Und aus dem Verstehen heraus folgt ein Lernprozess, der ebenfalls nicht einseitig ist.

Wichtig war in diesem Prozess vor allem, dass keine der Wahrnehmungshintergründe per se als „falsch", „krank" oder „fehlerhaft" angesehen wurde, wie man unter dem Gesichtspunkt einer psychiatrischen Diagnose vielleicht vermuten könnte. Vielmehr geht es darum, ein tieferes Verständnis sowohl für neurotypisches als auch autistisches Verhalten zu entwickeln, um daraus individuelle Hilfsmöglichkeiten abzuleiten, die das größte Maß an Selbstständigkeit und Individualität lassen.

Bis heute erscheint uns das als Schlüssel zu einem angemessenen Umgang – vor allem für die Autismus-Spektrum-Störungen, aber auch für alle anderen psychischen und psychiatrischen Auffälligkeiten. Wenn verstanden wird, wie der jeweils andere denkt, seine Wirklichkeit wahrnimmt und konstruiert, dann wird sein Verhalten verstehbar. Das heißt nicht zwangsläufig, dass es verschwindet, aber letztendlich ist auch das nicht das Ziel. Menschen mit einer Autismus-Spektrum-Störung bleiben, was sie sind. Aber im gegenseitigen Verstehen liegt die Möglichkeit einer Begegnung auf Augenhöhe, die dem jeweils anderen eine komplett neue Wirklichkeit eröffnen kann und oft staunen lässt über Dinge, die wir selbst gar nicht (mehr) wahrgenommen haben.

August 2019   Guido Kopp
                                                                  Katrin Moser

Intro

Zwei Menschen. Der eine in der Welt scheinbar vollkommen selbstverständlich zu Hause, die andere gefühlt gestrandet auf einem falschen Planeten. Auf der einen Seite die vermeintlich „normale", mehrheitliche, neurotypische Sicht auf Welt, Wirklichkeit und Kommunikation. Eine Wahrnehmung, die überwiegend konzentriert ist auf Intuition, Emotion und Empathie. Dem gegenüber die „andere", die abweichende, die als Autismus bezeichnete Wahrnehmung: Auf logische Schlussfolgerungen fokussiert, mit dem Blick für das Detail. Der eine agiert intuitiv in einer für ihn geordneten Welt, die andere sucht nach Hilfe, um das alltägliche Chaos zu verstehen.

Zwei Denksysteme, die so unterschiedlich sind, dass es eigentlich keine Übereinstimmungen geben kann. Und doch gelingt eine schrittweise Annäherung, als stünden beide auf der jeweils gegenüberliegenden Seite eines Wurmlochs. Was in der gegenseitigen Interaktion entsteht, ist ein Konstruktionsversuch sozialer Wirklichkeit, in der es kein „richtig" oder „falsch" mehr gibt. Und eine Möglichkeit, vom jeweils anderen zu lernen.

Die Geschichte der Annäherung zweier individueller Denk- und Wahrnehmungssysteme – mit offenem Ausgang.

Inhaltsverzeichnis

1 **Der erste Kontakt**   1

2 **Die erste Sitzung**   5
  2.1   Zwischengedanken   14
  2.2   Über den Tellerrand – Grundlagen   17
  2.3   Briefe   21

3 **Die zweite Sitzung**   35
  3.1   brieflicher Nachklapp   42
  3.2   Über den Tellerrand – Wahrnehmung   44
  3.3   Zwischengedanken   52
  3.4   Briefe   56
  Literatur   73

4 **Die dritte Sitzung**   75
  4.1   Über den Tellerrand – Rituale   83
  4.2   Zwischengedanken   86
  4.3   Briefe   89
  Literatur   99

5 Der Arztbesuch 101
- 5.1 Über den Tellerrand – Kommunikation 110
- 5.2 Zwischengedanken 119
- 5.3 Briefe 122
- Literatur 124

6 Der Einkauf 125
- 6.1 Zwischengedanken 132
- 6.2 Briefe 134

7 Der Spaziergang 141
- 7.1 Zwischengedanken 145
- 7.2 Briefe 147

8 Das Kochen 151
- 8.1 Zwischengedanken 155
- 8.2 Briefe 157
- 8.3 Zwischengedanken 160

9 Die Autofahrt 165
- 9.1 Zwischengedanken 169
- 9.2 Eine weitere Autofahrt – Perspektivwechsel 172
- 9.3 Über den Tellerrand – Theory of Mind und Empathie 176
- Literatur 181

10 Die Re:Publica 2014 183

11 Epilog I 207

12 Epilog II 211

1

Der erste Kontakt

Fenna
Ich suche. Nach irgendjemanden, der einen nützlichen Tipp für mich hat. Der mir helfen kann, endlich anzukommen. Der mir vor allem hilft, meinen Alltag so einzurichten, dass er zu mir passt, dass ich zurechtkomme. Und weniger auffalle. Alles zusammen.

Google ist wenig hilfreich. „Sie können mich in meiner Praxis telefonisch erreichen unter…" – nichts für mich. Eine andere Praxis bietet astrale Lebensberatung. Nein, danke.

Irgendwann finde ich die Homepage des Herrn Armona mit Email-Adresse und vielen Informationen. Seine Praxis ist zwar weiter weg, aber das verringert die Gefahr, dass man sich zufällig irgendwo begegnet. Und hier in der Region sind Entfernungen sowieso relativ. Ein Versuch ist es wert. Mal sehen, ob er auf Mails antwortet:

> **Beispiel**
>
> Sehr geehrter Herr Armona,
>   ich würde gerne mit Ihnen einen Termin zu einer Erstberatung vereinbaren. Über eine Rückmeldung Ihrerseits wäre ich sehr dankbar.
>   Mit freundlichen Grüßen
>   Fenna

Herr Armona

Anfragen per Email sind keine Seltenheit. Etwa die Hälfte der Kontaktaufnahmen erfolgt auf diesem Wege. Gelegentlich gehen bei mir solche Emails unter. Vermutlich, weil ich ohnehin ausgebucht bin. Und weil ich die Tendenz zum Aufschieben habe.

Ich kann nicht erklären warum, vielleicht ist es auch nur Zufall, aber ich habe wohl selten
  eine Anfrage dieser Art so schnell beantwortet:

> **Beispiel**
>
> *Sehr geehrte Fenna,*
>   *zurzeit habe ich immer dienstags zwischen 17.30 und 18.30 Uhr einen Termin frei. Hier wäre eine Erstberatung möglich. Ich weise aber darauf hin, dass für meine Praxis keine kassenärztliche Zulassung vorliegt. Ich rechne überwiegend mit dem Jugendamt, den Berufsgenossenschaften etc. und Privatzahlern ab.*
>   *Mit besten Grüßen*
>   *Herr Armona*

Fenna

Huch. Der ist ja schnell. Elf Stunden zwischen meiner Nachricht und der Antwort. Und auffallend wenig Fehler, die ablenken könnten. Erstaunlich.

Aber ich bleibe skeptisch. Schließlich erzählt er mir hier Sachen, die ich bereits weiß. Ich kann lesen. Und wenn ich seine Email-Adresse habe, kann er doch davon ausgehen, dass ich seine Homepage ebenfalls gelesen habe. Aber gut – vielleicht weiß er selbst nicht mehr, was auf seiner Homepage steht? Wenn er dienstags Zeit hat, heißt das, ich kann am Dienstag kommen? Den nächsten? Oder jeden Dienstag? Aber er weiß doch gar nicht, ob und was ich will? Zur Sicherheit frage ich nach. So, dass nicht auffällt, dass ich seine Aussage unpräzise finde. Dabei wird sich auch zeigen, ob die schnelle Antwort nur ein Zufall war:

> **Beispiel**
>
> Sehr geehrter Herr Armona,
>   Vielen Dank für Ihre Antwort. Mir ist bewusst, dass Ihrerseits keine kassenärztliche Zulassung vorliegt. Ich wäre im Rahmen meiner Möglichkeiten Privatzahler. Wäre Ihrerseits bereits der kommende Dienstag anvisiert? Von meiner Seite aus wäre das möglich.
>   Mit freundlichen Grüßen
>   Fenna

Herr Armona
Ich bleibe bei einem Wort hängen. „Anvisiert". Sonderbar. Und dann denke ich über „im Rahmen meiner Möglichkeiten" nach. Ist klar und einfach. Irgendwie ehrlich.
Ja, mache ich:

> **Beispiel**
>
> *Sehr geehrte Fenna,*
>   *Der kommende Dienstag ist um 17.30 Uhr für Sie reserviert.*
>   *Mit freundlichen Grüßen*
>   *Herr Armona*

Fenna
Sehr schön. Klar, einfach, präzise. Damit ist die Sache klar, ich werde es versuchen.

2

Die erste Sitzung

Fenna
Ich bin zu früh. Immer bin ich zu früh. Normalerweise fahre ich unbekannte Strecken schon einmal vorher ab, damit nichts schief gehen kann. Diesmal fehlte mir die Zeit, daher bin ich nervös. Und wenn ich nervös bin, plane ich noch mehr „Puffer-Zeit" ein. Puffer-Zeit, das ist die Zeit für Unvorhergesehenes. Ein Verkehrsunfall auf der Strecke, eine Umleitung, ein langsam fahrender Traktor – alles, was mich daran hindern könnte, pünktlich zu kommen.

Pünktlich bin ich, wenn ich mindestens zehn Minuten vor der vereinbarten Zeit eintreffe. Dann warte ich irgendwo bis zur vereinbarten Zeit. Jetzt warte ich im Auto, die Uhr fest im Blick.

17:25 Uhr – 17:26 Uhr – 17:27 Uhr – 17:28 Uhr.

Aussteigen. Abschließen. An der Beifahrertür einmal kontrollieren, ob der Schließmechanismus funktioniert. Die Straße überqueren, bis zum Haus.

Punkt 17:30 drücke ich auf die Klingel, die blau blinkt. Das Blinken ist so witzig, am liebsten würde ich noch mal klingeln. Aber da öffnet sich schon die Tür.
Herr Armona.

Herr Armona
Ich mag Erstberatungen. Ich kann mich dabei entspannen. Ich beobachte, lasse erzählen, bin neugierig. Heute war der Tag anstrengend, so wie meistens. Aber ich habe immer diese kleinen „Inseln", wie zum Beispiel die Erstberatungen, oder meine Gespräche im Mutter-Kind-Heim, oder manchmal die Autofahrten. Sehr oft gehe ich nämlich direkt „in" die Familien, bin bei ihnen zu Hause.

Jetzt steht sie vor der Praxis, ich habe sie erst gar nicht gesehen. Schon beim Öffnen der Tür schalten alle meine Sinne auf höchste Sensibilität und Wachsamkeit. Ich reiche ihr die Hand, sie gibt sie mir. Kein Blickkontakt, keine flüssige Bewegung und Interaktion. Ich bitte sie in den Raum, bitte sie sich zu setzen. Sie tut es.

Fenna
Ich mag keine Begrüßungen. Zumindest förmliche. Wenn man jemanden kennt, reicht ein einfaches „Hallo". Bei Fremden nicht. Denen muss man die Hand geben. Die Berührung ist wie ein Stromschlag, unangenehm. Ich weiß nicht, wo ich hin soll. Fremdes Haus, fremde Räume, fremder Mensch. Das ist nicht gerade meine Stärke. Aber deswegen bin ich ja wohl hier.

Sein Büro ist das blanke Chaos. Ein Bücherregal an der Wand reicht bis unter die Decke. Und ist vollgestopft mit Kram. Willkürlich, unsortiert. Ein paar Bücher, die meisten ungelesen, einige sogar noch eingeschweißt. Ordner, Kisten – nebeneinander, übereinander, durcheinander.

Auf der Fensterbank ein Glas mit Muscheln. Eine fällt mir sofort ins Auge, sie ist gedreht, wie ein Schneckenhaus. Eine logarithmische Spirale. Die Perfektion der Natur.

Ein alter Schreibtisch, ein schönes Modell. Aber das Durcheinander darauf – wie soll man da arbeiten können? Vor allem scheint der Schreibtisch eher als „Ablage für alles" genutzt zu werden.

Sein Schuh fällt mir auf, dunkelgrau, Leder. Ein Schnürsenkel ist abgerissen.

Ich sage ja: Chaot.

Herr Armona
Währenddessen wird mein gedanklicher Notfallplan im Kaltstart hochgefahren. Von entspannter Erstberatung keine Spur. Psychose? Traumatisierung? Depression? Suizidgefahr? Extreme Schüchternheit? Ich bleibe äußerlich ruhig, das gelingt mir zumeist sehr gut. Ich beobachte.

Sie schaut sich um, in ungewöhnlicher Art und Weise, ich folge ihrem Blick. Der Schreibtisch. Ich sage: „Ja, sehr unordentlich, auch mein Bücherregal". Sie antwortet: „Auf dem Schreibtisch sind viele Dinge, die man nicht zum Arbeiten braucht." Pause. Sie spricht nicht von allein, sie wartet ab.

Ganz gegen meine Gewohnheit frage ich dann direkt und auch noch sehr früh: „Was führt Sie zu mir?" Sie kann ihr Anliegen nicht klar formulieren. Sie erwartet scheinbar von mir, dass ich die Richtung wüsste.

Fenna
Warum ich da sei, will er wissen. Ich versuche zu erklären. Er unterbricht, stellt Zwischenfragen, bringt mich aus dem Konzept, irritiert. Wie soll ich denn die richtigen Worte finden, wenn ich keine Zeit habe? Ich brauche die

Zeit, damit die Worte richtig sind. Ich genau das sage, was ich meine. Die Dinge so benenne, wie sie sind.

Wenn ich eine Pause mache, um zu durchdenken, was ich wie sagen will, fangen die meisten Menschen schon an, irgendwas zu plappern. Er auch. Stellen komische Fragen, erzählen Geschichten, reden seltsames Zeug.

Herr Armona
Ich bin interessiert und sage: „Sie gehen einem Blickkontakt aus dem Weg". Sie antwortet: „Ich sehe mit den Ohren". Ab jetzt bin ich sehr interessiert.

Ich beobachte ihr Gesicht, ich suche nach kommunikativen Zeichen. Mir wird klar, dass wenig Nonverbalität, also zum Beispiel Gestik, Mimik und Intonation, zu beobachten ist. Ich spreche sie darauf an. Ich sage ihr, wie ich sie wahrnehme. Ob sie das überrasche. Sie sagt etwas. Ich kann jedoch meine Gedanken gerade nicht fokussieren, denke mehrere Optionen gleichzeitig.

Ich frage dann, was sie beruflich macht: Sie nennt ihre aktuelle Tätigkeit. Ich erinnere mich an meine eigenen jahrelangen Erfahrungen in dieser Berufssparte. Spontan äußere ich: „Wie geht das?" Noch während des Aussprechens ärgere ich mich über die unprofessionelle Äußerung. Gleichzeitig habe ich die Vermutung, dass diese Frage erst gar nicht verstanden wurde. Ich nutze die allgemeine Verwirrung für eine Geschichte: Ich berichte von meinen Erfahrungen in diesem Beruf, die allerdings schon lange zurückliegen. Sie reagiert nicht. Sie reagiert immer noch nicht. Ich lasse die Pause zu.

Es fühlt ich für mich wie ein kommunikativer Blindflug an.

Fenna
Er scheint kein logischer Mensch zu sein. Eher ein Geschichtenerzähler. Zumindest erzählt er mir Geschichten. Was das jetzt soll, ist mir schleierhaft. Als

er fertig ist, warte ich. Darauf, dass er erklärt, was ich mit der Geschichte anfangen soll. Und für mich zeichnet sich schon fast symptomatisch das Problem ab, dass auch meinen Alltag beherrscht, in der Familie, im Beruf, in der Freizeit. Ständig erzählen Menschen Dinge, die weder von Relevanz noch von Interesse sind und auch zu einer aktuellen Situation nichts Sinnvolles beitragen.

Ich warte weiter. Er überrascht mich: „Sie fragen sich jetzt, warum ich Ihnen das alles erzähle?" Ich muss lachen, denn das trifft sogar fast genau meinen gedanklichen Wortlaut. Ich hätte ja doch Emotionen, meint er daraufhin. Da ist es wieder. Auch ein Punkt, den mir andere häufig unterstellen: Emotionale Kälte. Eiseskälte. Dabei stimmt das nicht. Und das sage ich ihm auch. Ich hatte lediglich gesagt, dass ich kein Mensch bin, der Emotionen gut ausdrücken kann. Daraus zu schließen, dass keine Emotionen vorhanden seien, ist schlicht falsch. Offenbar hört er nicht richtig zu.

Herr Armona
Ich werde metakommunikativ, frage ruhig und freundlich: „Jetzt fragen Sie sich, warum ich Ihnen all diese tollen Geschichten aus meiner Vergangenheit erzähle?". Sie lächelt etwas. Genau das trifft mich unerwartet, darauf war ich jetzt nicht vorbereitet. Ich sage – erneut völlig unangemessen und unprofessionell – „Sie zeigen ja doch Mimik und Emotionen." Sie antwortet: „Ich habe nicht gesagt, dass ich keine Emotionen habe". Ich drehe und winde mich etwas aus der Situation heraus, relativiere, korrigiere mich. Und freue mich auch etwas. Über das Lächeln.

„Was sagen Sie zu der Geschichte?"
Pause.
Pause.
Dann zaghaft: „Ich verstehe die Relevanz nicht?". Ich erkläre ihr, warum ich diese Geschichte erzählt habe. Um die

Situation aufzulockern, um zu zeigen, dass auch ich mich in ihrem Berufsfeld etwas auskenne, um ihr zu signalisieren: fühlen Sie sich wohl und sicher. Sie antwortet: „Warum sagen sie es dann nicht einfach?" Ich muss schmunzeln und sage: „Bitte fühlen Sie sich wohl und sicher."

Fenna
Herr Armona fragt wieder nach der Geschichte. Ich beschließe, ehrlich zu sein. In der Hoffnung, dass mir diese Ehrlichkeit nicht negativ ausgelegt wird.

Er erklärt. Ist das jetzt ein gutes Zeichen? Die Geschichte galt nur als Brücke, gedacht um drei Ecken. Verdammt noch mal, warum sagen die Leute nicht einfach das, was sie meinen? Warum immer diese verschlüsselte, metaphorische, übertragene Sprache? Auch das frage ich ihn. Etwas, was ich „draußen" nicht machen würde. Weil man damit aneckt. Irritiert. Weil man offenkundig dumm ist und etwas, was jeder versteht, nicht versteht.

Herr Armona
Ich frage sie, worüber sie sich freut. Sie sagt mir, was sie gerne macht. Schreiben, Fotografieren. Ich frage nach Hobbys. Sie berichtet von Star Trek und von ihren Raumschiff-Modellen, die sie selbst baut. Ich frage, wie das Basteln mit der Feinmotorik klappt. Sie sagt, sie ärgere sich, wenn sie die kleinen Teile nicht exakt anbringen kann, weil ihre Finger nicht so wollen, wie sie will. Unwillkürlich sage ich: „Interessant."

Ich frage sie, ob sie sich oft unverstanden, unangemessen fühle. Ja. Ob sie deswegen da sei? Ja. Ich frage nach ihrem Studium, sie berichtet mir zusätzlich von ihrem Stipendium. Und dann von den Problemen im Job. Ob sie diese Probleme, dieses Anderssein schon immer verspürt habe, im Kindergarten, in der Schule. Ja.

Ja, Autismus ist da ein Gedanke!

Fenna
Irgendetwas brummt in der Praxis. Ich bin mir noch nicht sicher, was. Das Aquarium in meinem Rücken vielleicht. Ich höre es permanent. Während ich versuche, mich auf das anstrengende Gespräch zu konzentrieren, weilt ein Teil meiner Aufmerksamkeit bei dem Brummen.

Auch die Straße vor dem Haus ist unruhig. LKW, Autos, Fußgänger. Es rumpelt, rauscht, jemand redet. Irgendwo in der Ferne ein Martinshorn. Mich wundert, wie er es den ganzen Tag in diesem Büro aushalten kann.

Herr Armona
Ich frage direkt, ob sie sich schon mit dem Thema Autismus beschäftigt habe. Nein. Ich frage: „Nein?". Sie sagt nein. Ob sie noch nie jemand darauf angesprochen habe. Einmal ein Studienleiter. Und die Eltern? Lehrer? Ärzte? Schulpsychologen? Nein. Nein? Nein.

Da ist wieder diese kaum vorstellbare Erfahrung, dass häufig Menschen erst 20, 30 oder 40 Jahre alt werden müssen, um eine Erklärung zu finden. Wo versagt hier die Gesellschaft, wo versagen die Bezugspersonen?

Ist es überhaupt ein Versagen?

Bei ihr ist es meines Erachtens so offensichtlich, dass jemand mit etwas Erfahrung schon nach wenigen Minuten erkennen muss, dass Autismus zumindest eine mögliche Erklärung sein könnte, sofern alle anderen Ursachen ausgeschlossen werden können. Ich kann nicht glauben, dass ich der erste sein soll, der die Verdachtsdiagnose Autismus ihr gegenüber direkt ausspricht.

Fenna
Die Stunde ist fast vorbei. Jetzt kommt gleich wieder ein schwieriger Teil, ich sehe ihn bereits auf mich zukommen. Verabschieden. Auf der Beliebtheitsskala rangiert das gleich hinter dem Begrüßen.

Ich weiß nicht, wie ich vorgehen muss. Diese Situation hier ist ungewohnt. Ich habe keinen Plan dafür. Wer steht zuerst auf? Und was kommt danach? Soll ich einfach gehen? Oder „muss" da noch irgendetwas sein? Vor allem: Kann ich gehen und einfach „Tschüss" sagen oder komme ich am Hand geben nicht vorbei? Und wie geht es jetzt überhaupt weiter?

Herr Armona
Ich sehe jetzt diese junge Frau vor mir sitzen, und habe eine Ahnung davon, wie sehr sie wohl leiden muss, erkenne, wie unglaublich fehlangepasst sie sich wohl fühlt. Welche immensen Leistungen ihrerseits aufgebracht werden mussten, um es überhaupt bis heute zu schaffen.

Mir sitzt der nachfolgende Termin im Nacken. Ich rate ihr, sich testen zu lassen. Diesem Verdacht nachzugehen. Es ist bis jetzt nur ein Verdacht. Ich sage, Autismus ist keine Katastrophe, dass Aufklärung der erste Schritt sein kann. In der Familie, beim Arbeitgeber. Wenn die Mitmenschen die Ursachen kennen, dann würden sie anders wahrgenommen werden, dann wären sie nicht mehr die Sonderbare, sie wären kein Unsicherheitsfaktor mehr. Sie wären berechenbarer und erklärbarer für ihre Mitmenschen. Und umgekehrt. Ob sie mich verstehe. Sie sagt: „Ich glaube ja." Ich sage: „Ich glaube ja, das heißt bei Ihnen ‚Darüber muss ich erst noch nachdenken.' Richtig?". Sie lächelt. Ich auch. Ich habe wieder etwas bei ihr gefunden, an dem ich mich bei der Verständigung orientiere.

Ich frage sie, ob ihr Berührungen unangenehm sind. Ja. Ob ihr das Handgeben vorhin unangenehm war. Ja. „Dann brauchen wir uns zukünftig nicht mehr die Hand geben", sage ich. Sie sagt ok.

Ich habe auch bemerkt, dass sich ihre Augenbrauen bei Situationen, in denen ihr etwas unklar ist, spezifisch bewegen. Ein weiterer Anhaltspunkt für mich. Ich lerne, die minimalen körperlichen Zeichen, die Rückschlüsse auf ihre Gedanken und Kognitionen zulassen, zu entdecken und zu deuten.

Fenna
Er scheint die Unsicherheit zu bemerken, denn er ergreift die Initiative. Ich könne mich melden, ihn anrufen, wenn ich Fragen habe. Ich hake ein, denn ich hasse Telefonate: Ob Email auch ginge. Emails sind einfacher.

Meine Stärke ist das Schreiben, nicht das Reden. Im geschriebenen Wort habe ich die Sicherheit und Zeit, die mir beim Reden fehlt. Die meisten verstehen das nicht. Wollen lieber „schnell" anrufen. Ob er es versteht, weiß ich nicht. Aber ja, Emails seien kein Problem.

Der Termin war anstrengend. Für mich ist der Abend damit gelaufen. Ob die Idee gut war, weiß ich noch nicht.

Es gibt viel, worüber ich nachdenken muss. Mich informieren muss. Und dann die Frage, ob ich überhaupt einen weiteren Termin vereinbaren soll. Er ist genau der Typ Mensch, der mich in den Wahnsinn treiben kann. Irrational. Er irritiert mich, bringt mich aus dem Konzept, schweift ab, wechselt unvorhersehbar die Themen. So, wie Menschen eben sind. Die vielen Menschen, mit denen ich früher oder später Schwierigkeiten bekomme. Weil ich nicht „richtig" reagiere, irgendwie „anders" bin. Ich zweifle, ob das mit Herrn Armona gut gehen kann.

Oder sollte ich es gerade deswegen versuchen?

Herr Armona
Ich muss jetzt die Sitzung beenden. Ich könnte mich noch stundenlang weiter mit ihr unterhalten, sage dies auch. Ich sage ihr auch, dass ich tief beeindruckt bin, von ihr, von der Art und Weise, wie sie ihr Leben meistert. Ich könnte immer weiter Fragen stellen.

Ich merke, dass sie unsicher ist, wie die Verabschiedung ablaufen soll. Daher unterstütze ich sie bei der Organisation des Verabschiedens.

Ich biete ihr an, mit mir wieder in Kontakt zu treten. Ich sage, ich würde sie gerne weiter unterstützen. Auch Fragen würde ich gerne beantworten. Sie fragt, ob das auch per Email ginge. Ja. Natürlich.
Tschüss.
Tschüss.
Ich bin berührt. Verwirrt. Das Gespräch war sehr anstrengend, stockend, ungewohnt. Ich denke sehr viel über diese Sitzung noch nach. Das passiert mir selten.
Ob sie sich noch einmal meldet?

2.1 Zwischengedanken

Fenna
Ich bin wach. Draußen ist angenehme Dunkelheit. Und ich komme aus der Gedankenschleife nicht heraus. Diese Sitzung beschäftigt mich. Dieses Chaos, die Muschel, der abgerissene Schnürsenkel – und ein zutiefst verwirrender Typ Mensch. Ich bin verunsichert. Glaube nicht, dass er mich verstanden hat. Aber – und das ist neu – mir schien, dass er es versucht. Dass er versucht, zu verstehen. Wobei ich mich auch täuschen kann. Was mir sogar ziemlich häufig passiert.

Er war nicht unfreundlich. Zumindest nicht, dass es mir aufgefallen wäre. Aber suche ich jemanden, der freundlich ist? Ich wollte eine Richtlinie, stattdessen bekam ich ein Wort: Autismus. Es passt mir nicht. Ich kenne es als Schimpfwort. Es ist nichts Positives. Aber es setzt sich fest.

Herr Armona
Ich kann meine Gedanken nicht von dem Gespräch lösen. Ich habe über längere Phasen diese junge Frau genau angeschaut. Ich kann mich jetzt aber nicht mehr erinnern, wie sie aussieht. Habe kein Bild vor Augen. Ich wüsste nicht einmal, wie sie angezogen war.

Ich bin Kommunikationswissenschaftler, ich interessiere mich für Gespräche. Am meisten dann, wenn etwas schief läuft. Jetzt ist alles schief gelaufen. Vielleicht nur fast alles. Mir fehlt jegliches Maß, ich kann nicht beurteilen, wie das Gespräch von ihr aufgefasst wird. Wie sie darüber denkt. Habe keine Ahnung. Darauf war ich jetzt nicht vorbereitet.

Fenna
Während ich das Internet durchforste, falten sich nach und nach einzelne Situationen ein. Bei manchem, was ich lese, sehe ich fast identische Situationen meiner Kindheit. Bei anderen Dingen denke ich wieder: Nein, das bist du nicht. Das kannst, darfst, sollst du nicht sein. Ich geistere durch Foren, Psychologie-Seiten, Lexika.

Diese Suche verwirrt mich. Sie lässt mich an Dinge denken, an die ich nicht denken will. Die vorbei sind. Vergessen. Ich will Fakten. Keine Vergleiche, kein Rain-Man – ich will wissen, was genau das ist. Ob ich das bin. Wer ich bin. Was ich bin… stopp!

Das geht mir jetzt eindeutig zu weit. Ich wollte eine Richtung. Keine Existenzfrage. Keine Pseudo-Erklärung. Aber wäre es nicht schön, endlich einen Namen für das Anders-Sein zu bekommen? Was, wenn es stimmt? Ändert es etwas? Macht ein Name aus etwas Unbekanntem etwas Bekanntes, Vertrautes? Ist Autismus die Antwort oder erst die eigentliche Frage? Ist es überhaupt von Relevanz? Wird die Welt verstehbar, wenn ich mich verstehe?

Aber eigentlich wollte ich das doch gar nicht wissen. Das ist verrückt: Man fragt Menschen nach einer Sache und bekommt eine ganz andere erzählt. So hatte ich mir das nicht vorgestellt.

Herr Armona
Sie kann mit dem Begriff „Freude" offenbar nicht viel anfangen. Stattdessen spricht sie von „mögen" und „gerne machen". Sie hat da offenbar etwas andere Umschreibungen. Das habe ich bereits von ihr gelernt. Sie hatte einige Male gelacht. Daran kann ich mich erinnern, dann habe ich auch ein Bild vor Augen. Ich würde mich freuen, wenn Sie wiederkommt. Ob sie das verstehen würde?

Ich kann nicht glauben, dass sie sich noch nie ernsthaft mit Autismus bezogen auf ihre eigene Person auseinandergesetzt hat. Aber darum geht es jetzt nicht, es ist eigentlich unwichtig. Wie nimmt sie die Welt wahr? Wie konstruiert sie ihre Wirklichkeit? Ich versuche die Welt aus ihren Augen, mit ihren ganzen Sinnen zu erfahren. Sie sagt, sie müsse sich konzentrieren, die gerade unwichtigen Dinge nicht zu hören, zu sehen, wahrzunehmen. Ich versuche es, meine Gedanken und Wahrnehmungen haben aber hier wohl ihre Grenzen.

Fenna
Das Chaos in meinem Kopf nimmt überhand. Es reicht. Ich klinke mich aus, so, wie ich es jeden Abend mache – und visiere die Dusche an. Das heiße Wasser, das gleichmäßige Rauschen beruhigt das Chaos im Kopf ein wenig. Es beendet den Tag. Die Dusche ist der feste Bestandteil eines jeden Tages, Teil einer Struktur, eine der letzten Perlen auf der Tageskette.

Bis weit in den Tag kreisen die Gedanken. Ich habe einige Bücher bestellt, aber die Fragen sind jetzt schon da. Es macht mich unruhig, denn sie lenken ab vom Ablauf. Ein Ablauf, der noch nicht gewohnt, der mir fremd ist.

Herr Armona hat zu viele Fragen in den Raum gestellt. Einfach so, ohne eine klare Antwort. Ich mag es nicht, ohne Antwort zu bleiben.

Wenn mein Grundgedanke, Herrn Armona überhaupt aufzusuchen, der war, dass sich etwas ändern muss – dann sollte ich vielleicht genau mit diesem chaotischen, sprunghaften, irritierenden Menschen anfangen.

Herr Armona
Ich will versuchen, sie zu verstehen, die Welt aus ihren Augen und ihrem Bezugssystem zu betrachten. Ich will versuchen, mich für sie verstehbar zu machen. Ich will eine neue Sprache, eine etwas andere Form der Kommunikation lernen, um das zumindest ansatzweise zu ermöglichen.
Positive Erfahrungen sind bestimmt hilfreich für sie. Auch meine Sichtweise würde sicherlich bereichert werden.
Ob sie sich noch einmal meldet?

2.2 Über den Tellerrand – Grundlagen

Fällt das Wort „Autismus", ist in vielen Köpfen ein Bild präsent: Das in sich gekehrte, verschlossene, eigenbrötlerische, möglicherweise sogar geistig behinderte Kind. Das, wenn es erwachsen wird, vielleicht Telefonbücher auswendig lernen, aber keinesfalls eigenständig leben kann. Menschen mit einer Autismus-Spektrum-Störung beklagen, dass sie häufig mit der TV-Figur Raymond Babbit aus dem Film „Rain Man" verglichen werden – im schlimmsten Fall begleitet von der Aussage, dass diese Figur ja ganz anders sei, die betreffende Person also keinesfalls autistisch sein könnte.

Leo Kanner beschrieb als erster Psychiater die Symptome einer autistischen Störung. Seine entwickelten Kriterien werden im diagnostischen Manual unter dem Begriff des ‚frühkindlichen Autismus' zusammengefasst. Die wechselseitige soziale Interaktion betroffener Menschen mit anderen Personen ist qualitativ beeinträchtigt, gleiches gilt für die Kommunikation. Ein Teil – aber bei weitem nicht alle – der Menschen mit frühkindlichen Autismus lernen erst spät oder nie das Sprechen. Außerdem sind die Interessen eingeschränkt und durch stereotype Verhaltensmuster, beispielsweise sich ständig wiederholende Bewegungen, geprägt.

Nahezu zeitgleich zu Leo Kanner beschrieb Hans Asperger 1944 in seiner Habilitationsschrift auffällige Kinder, die seines Erachtens an einer „autistischen Psychopathie" litten. Die von ihm genannten Symptome finden sich heute unter dem Begriff „Asperger-Syndrom" im diagnostischen Handbuch.

Aus dem amerikanischen Sprachgebrauch bürgert sich zudem der Oberbegriff der Autismus-Spektrum-Störung zusehends ein. Hier gibt es keine formale Unterscheidung zwischen frühkindlichem Autismus und Asperger-Syndrom, vielmehr geht man von einem Spektrum aus, innerhalb dessen sich Betroffene mit leichten Einschränkungen bis hin zu schweren Beeinträchtigungen bewegen. Der Übergang zu nichtautistischen Menschen – gerne auch mit dem Begriff „neuro-typisch" umschrieben – ist dabei fließend.

Die Situation, wie sie zwischen Herr Armona und Fenna stattgefunden hat, ist in diesem Zusammenhang nicht unüblich. Eine erwachsene Person sucht Rat oder Hilfe, weil die Dinge so, wie sie sind, für sie nicht richtig sind und es auch nie waren. Die Gründe hierfür können natürlich vielfältig sein, betrachtet man jedoch die Zahlen aus den Autismus-Ambulanzen in ganz Deutschland, so ist es erschreckend, wie viele Menschen über Jahrzehnte als „anders" wahrgenommen werden, aber erst spät einen Namen für ihr Anders-Sein bekommen.

Haben diese Menschen vorab bereits Hilfe gesucht, kann es durchaus vorkommen, dass sie einen bunten Diagnostik-Katalog mit sich führen: Von Psychosen über Depressionen bis hin zu Persönlichkeitsstörungen wird alles abgedeckt. Das zugrunde liegende Problem, nämlich eine andere Informations- und Kommunikationsverarbeitung, wurde da dann häufig übersehen. Welche Leidenswege einige Menschen mit einer erst spät erkannten Autismus-Spektrum-Störung dann hinter sich haben, lässt sich wohl nachvollziehen. Häufig sind die dazukommenden negativen Erfahrungen auch so massiv, dass diese Menschen nachher wirklich mit einer ausgewachsenen Depression in Behandlung müssen.

Fenna beschreibt bereits einige typische Eigenheiten, die mit einer Autismus-Spektrum-Störung einhergehen können. Bereits mit der Anfahrt zur ersten Sitzung werden ihr starkes Sicherheitsbedürfnis und das feste Einhalten von Plänen deutlich. Wichtige Termine werden so geplant, dass ein Zu-Spät-Kommen unter Einbezug aller Eventualitäten nahezu unmöglich ist. Dem geht ein lang andauernder Planungsprozess voraus: Strecken bereits vorher abfahren, mögliche Szenarien durchspielen, die zu Zeitverlust führen, eventuelle Alternativrouten ausfindig machen. Und das alles für einen Termin, der eine Stunde dauert. Auch das übergenaue Achten auf die Zeit fällt hier rein. Ist ein Termin um eine bestimmte Uhrzeit vereinbart, dann ist Fenna auch da. Nicht eine Minute zu früh am Treffpunkt, vor allem aber keine Minute zu spät. Gleiches wird auch von anderen Menschen erwartet, kommt es hier dann zu Verspätungen, wird das System, der Zeitplan bereits empfindlich gestört.

Auch das Kommunikations- und Interaktionsverhalten zeigt sich bei Fenna abweichend zu den meisten anderen Menschen. Die Unsicherheit bezüglich einer „korrekten" Begrüßung und Verabschiedung sowie die in der Sitzung beobachtbare Unfähigkeit, ein Gespräch von sich aus am Laufen zu halten, geben bereits einen ersten Aufschluss darüber, dass Fenna nicht intuitiv kommuniziert. Vielmehr folgt sie erlernten „Kommunikationsplänen" – fehlen diese, bricht auch die Kommunikation ab. Diese Art, mit anderen Menschen zu interagieren, erfordert ein hohes Maß an Konzentration und ist für viele Personen mit einer Autismus-Spektrum-Störung bereits nach kurzer Zeit so anstrengend, dass sie sich zurückziehen (müssen). Daraus darf jedoch nicht – wie es leider häufig geschieht – der Trugschluss abgeleitet werden, dass autistische Menschen grundsätzlich keinen Kontakt zu anderen Menschen wollen. Ganz im Gegenteil:

> *„Das gegenseitige Lernen, ausgehend vom subjektiven Erleben, kann im Austausch und in der Aushandlung nicht nur zu höherer Selbstwirksamkeit und vermehrter gegenseitiger Verhaltensannäherung führen, sondern zu ganz neuen Zugängen in und zur Wirklichkeit. Dabei gilt es nicht nur bereits erwähnte Fragen zu klären, wie z.B. ‚Wo erfüllt (herausforderndes) Verhalten auch Funktionen?', sondern primär: ‚Wie können wir voneinander und miteinander profitieren und interagieren?"* (Kabsch 2018, S. 102).

Ganz in diesem Sinne versucht auch Herr Armona sich in das Erleben der Welt und die Ursachen und Motive des Handelns von Fenna einfühlen.

Die Empfindlichkeit in Bezug auf Berührungen, wie sie Fenna bei der Begrüßung in Ansätzen beschreibt, ist recht häufig, aber nicht immer, bei Menschen mit einer Autismus-Spektrum-Störung anzutreffen. Viele beschreiben, dass sie leichte Berührungen kaum ertragen können, sehr fester Druck hingegen wird von vielen als angenehm und erträglich beschrieben. Die amerikanische Autistin Temple Grandin konnte einmal beobachten, wie

Rinder in eine Art „Pressmaschine" geimpft wurden und die Tiere dabei erstaunlich ruhig blieben. Sie folgerte, dass der konstante, feste Druck eine beruhigende Wirkung auf die Tiere habe und baute sich selbst eine entsprechende Maschine. Diese Berührungsmaschine übte einen konstanten Druck auf ihren Körper aus und führte dazu, dass sie unangenehme Reizüberflutungen abschwächen konnte.

Die von Fenna beschriebene Wahrnehmung des für sie fremden Raumes zeigt zudem, dass sie ihre Umwelt eher punktuell und am Detail orientiert erfasst, sich förmlich anhand einzelner markanter Punkte in den Raum „vortastet", den Raum aber nicht in seiner Gesamtheit, als Einheit, erkennt. Einzelne Teilaspekte des Raumes drängen sich quasi in den Vordergrund – sowohl räumlich als auch von Umgebungsgeräuschen her – und sorgen für ein gewisses Maß an Irritation. Die auf die autistische Person einprasselnden Eindrücke können nicht nach Wichtigkeit „weggefiltert" werden, sondern müssen einzeln betrachtet und bewusst als wichtig oder unwichtig eingeordnet werden. Bestimmte Reize sind – auch wenn sie für das Umfeld manchmal kaum wahrnehmbar sind – jedoch so dominant, dass sie beim besten Willen nicht ausgeblendet werden können. Der Effekt ist ähnlich dem eines tropfenden Wasserhahns in der Stille der Nacht.

2.3 Briefe

Sehr geehrter Herr Armona,

Bezugnehmend auf unser Gespräch melde ich mich noch einmal bei Ihnen.

Ich hatte in der vergangenen Nacht und während meiner Mittagspause Zeit, mich grob in die Thematik ‚Autismus' einzulesen. Zudem habe ich einige Bücher bestellt, da mir die Selektion dort leichter erschien als bei den ‚Informationen', die im Internet zu finden sind.

Um ehrlich zu sein hat die Internetrecherche mich eher verwirrt als Klarheit gebracht. Offenkundig ist der Begriff des Autismus-Spektrums, wie Sie ihn verwendet haben, recht neu. Ich fand zusätzlich die Begriffe Asperger-Syndrom und frühkindlicher Autismus, diese Unterscheidung ist mit der Einführung der Begrifflichkeit eines Spektrums aber nicht mehr aktuell?

Des Weiteren irritiert mich, dass die Kriterien an sich sehr diffus zu sein scheinen, oder täuscht das? Aufgefallen ist mir, dass die Meinungen sehr schwanken zwischen einer, wie Sie es bezeichneten, ‚Art zu sein' und einer ‚Behinderung'. Ich konnte da keine einheitliche Linie erkennen. Vielmehr scheint es mir, dass selbst Experten im internationalen Raum sich uneins sind.

Einerseits erkenne ich nun, wieso Ihnen das Thema eingefallen ist. Gehe ich rein nach der Faktenlage und einigen biografischen Berichten, die ich überflogen habe, so fallen mir durchaus Parallelen auf. Mehr als mir lieb sind, um ehrlich zu sein.

Andererseits frage ich mich, wie ich mit dieser Information weiter verfahren kann und soll. Ich möchte es verstehen.

Sie sprachen davon, Menschen zu informieren, um Verständnis zu bekommen. Aber ich möchte nicht vom Verständnis anderer abhängig sein. Denn Verständnis setzt nur sehr bedingt echtes Verstehen voraus. Wie soll ich dem anderen etwas vermitteln, was ich selbst noch nicht richtig verstanden habe? Wie kann ich dem anderen etwas über mich mitteilen, wenn ich mich selbst bei jedem Satz frage, ob ich das wirklich bin?

Oder anders formuliert: Sicher ist es sinnvoll, wenn das Umfeld etwas versteht. Aber ist es nicht meine Aufgabe, etwas verstehbar zu machen? Im Moment wüsste ich nicht, wie das gelingen kann. Ich habe geglaubt, zwischenzeitlich gelernt zu haben, mich einigermaßen „anzupassen", „*unauffällig*" zu sein. Wenn ich nun bedenke, wie schnell Sie offenkundig auf einer sprichwörtlichen Spur waren, dann scheint mir, dass es da einen eklatanten Bruch gibt zwischen dem, wie ich mich wahrnehme und wie mein Umfeld mich wahrnimmt (oder auch nicht).

Wenn Ihr Verdacht zutreffen sollte, was ich nach dem, was ich bislang las, insgeheim befürchte, heißt das allerdings auch, dass es sich nicht ändern wird, sehe ich das richtig? Die Dinge bleiben, wie sie sind mit all den Aspekten, die dazu gehören. Für mich hieße das, mich von dem Wunsch, dass es anders wird, zu verabschieden. Und das schreibt sich einfacher, als dass es getan ist. Zumal es letzten Endes meine Eingangsfrage: ‚was will ich überhaupt wirklich?' noch mal in ein ganz neues Licht stellt und gänzlich neue Fragen mit aufwirft. Ich wollte, dass einige Dinge aufhören, manches einfach ruhen kann. Nicht nach außen, auch für mich. Doch jetzt weiß ich nicht mehr, ob das überhaupt möglich ist.

Sie sagten vorausgesetzt, dass ich Sie korrekt verstanden habe, dass Sie dabei unterstützen könnten. Ich weiß nicht, ob es mir gelungen ist, das Chaos meiner vergangenen Stunden etwas zu sortieren. Aber ich glaube fast, dass ich es langfristig komplizierter mache, wenn ich es alleine versuche. Und ich möchte keine alten Fehler mehr wiederholen.

Mit freundlichen Grüßen.

Fenna
Sehr geehrte Fenna.
auch ich habe über unser Gespräch nachgedacht. Mich hat es tief beeindruckt. Ich denke, dass ich ansatzweise verstanden habe, was zurzeit Ihre Gedanken sind. Sie haben die wunderbare Gabe, sich sprachlich präzise und verständlich

auszudrücken. Vor diesem Hintergrund sehe ich Ihre Befürchtungen nicht ganz so ausweglos wie Sie. Im Gegenteil, ich sehe gute Chancen für Sie, dass es "anders" wird, dass es sich "ändert". Dass die Dinge nicht bleiben, wie sie sind.

Ich betreue im Moment zwei weitere diagnostizierte Autisten (frühkindlicher Autismus). Es scheint so zu sein, dass es mir zumindest ansatzweise gelingt, in die Gedankenwelt der Menschen einzutreten, die vermeintlich Probleme haben, an sozialer Interaktion angemessen teilnehmen zu können.

Ich bin sicher, dass ich eine ganze Menge von Ihnen lernen und erfahren kann. Umgekehrt könnte ich die Sie umgebende Welt für Sie in einigen Bereichen übersetzen, verstehbar machen. Ich würde mich freuen, wenn ich Sie dabei unterstützen darf.

Ich bin gerade dabei, den morgigen Tag vorzubereiten, daher habe ich keine Zeit, jetzt ausführlicher zu antworten.

Ich werde mich bald wieder melden. Wenn Sie bis dahin noch Fragen oder Anregungen haben, dann senden Sie gerne noch weitere Nachrichten.

Ich verbleibe mit besten Grüßen.
Herr Armona.

Sehr geehrte Fenna,
jetzt kann ich Ihnen etwas ausführlicher antworten.
Eins vorweg: die von Ihnen zu Recht als diffus bezeichneten Kriterien sind der Versuch, anhand von Symptomen ein Kategoriensystem aufzubauen. Das soll dann allen beteiligten Institutionen (Ärzten, Krankenhäusern, Krankenkassen etc.) helfen, eine gemeinsame Sprache zu sprechen.

In der Theorie klingt das gut, in der Praxis gibt es damit allerdings Probleme. Zum einen sind die meisten Symptome, zum Beispiel Konzentrationsstörungen, in unterschiedlichen Kategorien zu finden, zum anderen liegt es immer im

Ermessen, inwiefern und in welcher Ausprägung einzelne Symptome für die Beurteilung herangezogen werden.

Darüber hinaus gibt es häufig Mischformen und fließende Übergänge, niemand kann genau sagen, ab wann ein Störungsbild beginnt. Daher gibt es auch so große Unterschiede in der Bestimmung der Epidemiologie, also der Auftrittshäufigkeit von Störungen innerhalb der Bevölkerung. Sehr häufig wird zum Beispiel traumatisierten Kindern und Jugendlichen AD(H)S diagnostiziert. Dann bekommen diese Kinder über Jahre wohlmöglich Medikamente verordnet, und die Ursachen verfestigen sich.

Auch Autisten wird häufig AD(H)S attestiert. Diesen Kindern wird dann unter anderem Bösartigkeit, Faulheit und Unkonzentriertheit vorgeworfen. Niemand sieht, dass die Kinder über Jahre für Verhaltensweisen bestraft werden, die sie selber nicht verstehen und beurteilen können, ja sogar aus ihrer Sicht haben diese Kinder richtig reagiert. Große Frustration und Abkehr ist dann die nur verständliche Folge.

Diese Kategoriensysteme sind von Menschenhand gemacht und daher künstlich. Gerade im Bereich Autismus hat man bemerkt, dass die Definitionen den Betroffenen nicht immer gerecht werden. Hier sind tatsächlich einige Dinge im Umbruch.

Für Sie ist doch letztlich entscheidend, welche Beeinträchtigungen Sie selbst verspüren. Ob Sie nun Asperger oder hochbegabt genannt werden, letztlich ist die Kategorisierung ein Konstrukt und eine Reduktion der Komplexität.

Ich würde mich weniger mit den Begrifflichkeiten, sondern mehr mit den zugrunde liegenden Ursachen und auftretenden Irritationen beschäftigen.

Zum jetzigen Zeitpunkt würde ich sagen: Sie sehen und erkennen die (soziale) Welt in einer anderen Art und Weise. Ihre Konstruktionen von den (sozialen) Dingen in der Welt stimmen nicht mit den Konstruktionen der meisten anderen überein. Da, wo andere intuitiv und gefühlsmäßig

Übereinstimmungen und soziale Konventionen erkennen und anwenden, müssen Sie mühsam diese Konvention kognitiv erarbeiten und auswendig lernen.

Oft sind Sie vermutlich enttäuscht, wenn dann doch die mühsam erlernte Handlungsfolge bei den Mitmenschen durchfällt. Ihr Gehirn muss vermutlich täglich unglaubliche Leistungen vollbringen, um mit diesen für Sie sehr unstrukturierten und nicht verstehbaren sozialen Reizen klar zu kommen. Und genau hier liegt eventuell eine Möglichkeit, besseren Zugang zur anderen Welt zu finden. Sie haben Recht, Verständnis bedeutet nicht verstehen. Sobald sie etwas mehr von den anderen verstehen, umso besser können Sie darauf reagieren. Und wenn andere Sie besser verstehen, dann werden die Mitmenschen ihr Verhalten entsprechend anpassen. Natürlich gibt es da auch Ausnahmen.

Ist meine Einschätzung bis hier zumindest teilweise zutreffend?

Sie haben den großen Vorteil, dass System Sprache zu beherrschen, vermutlich besser als die meisten der Mitmenschen. Und hier liegt ein weiterer Schlüssel eines möglichen Erfolges. Es gibt eine Schnittmenge, eine gemeinsame Sprache.

Alleine wird das schwer, Sie produzieren nur immer wieder Ihre eigenen Wirklichkeiten, weil Sie immer wieder nach den gleichen Plänen konstruieren.

Ich möchte Ihnen Mut machen. Ich kann mir gut vorstellen, dass Sie selbst sich bald so akzeptieren wie Sie sind und Sie ihre Stärken ausspielen können. Es ist auch möglich, dass Sie Ihre sozialen Kompetenzen verbessern können.

Ich hoffe, dass ich das Chaos in Ihrem Kopf jetzt nicht noch größer gemacht habe. Ich könnte zu einzelnen Aspekten noch seitenweise mehr schreiben, will aber jetzt nicht gleich zu viel schreiben.

Ich würde mich freuen, wenn ich Sie in irgendeiner Form unterstützen kann.

Fragen von Ihnen beantworte ich gerne wieder per Email.
Beste Grüße.
Herr Armona.

Sehr geehrter Herr Armona,
vielen Dank für Ihre ausführliche Antwort.

Heute ist bereits das erste Buch angekommen. Zumindest in Bezug auf das Internet scheinen sich viele Segmente aus der Esoterik in bestimmte Definitionen einzuschleichen, daher werde ich davon wohl Abstand nehmen.

Nachdem vor acht Jahren bereits seitens des Schulpsychologischen Dienstes eine angebliche Hochbegabung attestiert wurde, kam ich in das Förderprogramm meiner Schule. Anfangs dachte ich, dass hier vielleicht ein Schlüssel liegt für die gefühlte ‚Andersartigkeit'. Ich habe an mehreren Programmen teilgenommen bzw. teilnehmen müssen, aber da bereits gemerkt, dass ich den richtigen Weg offenbar nicht gefunden habe. Es war mir nicht möglich, in irgendeiner Weise einen adäquaten Kontakt herzustellen.

Nach meinem Abitur schlug meine Schule mich für ein Ausbildungs-Stipendium vor. Hier wurde ich angenommen und hatte die Hoffnung, unter Personen, die das gleiche Berufsziel wie ich haben, eher die ‚gleiche Wellenlänge' zu finden. Leider war auch das ein Trugschluss. Und letzten Endes der Punkt, den ich bis heute nicht verstanden habe. Das, was Sie von einer rein kognitiven Erarbeitung schreiben, kann ich so bestätigen. Jedoch war ich bislang der Meinung, dass andere Menschen das genauso systematisch erlernen müssen. Daher habe ich mich auch immer gewundert, wie diese das erstens so schnell erlernen, es zweitens noch schneller anwenden und drittens dabei auch noch einen solchen

‚Spaß' verspüren, dass sie sich freiwillig, wiederholt und quasi exzessiv sozialen Situationen aussetzen. Ich selbst gehe quasi nach einem ausgearbeiteten ‚Fahrplan' vor, nach dem ein bestimmtes Aktionsmuster meines Gegenübers ein klares Reaktionsmuster meinerseits nach sich zieht. Dass das jedoch ziemlich fehleranfällig zu sein scheint, erwähnte ich ja bei unserem Gespräch.

Unter diesem Gesichtspunkt wird mir dann auch klar, warum ich viele Situationen, die anderen leicht zu fallen scheinen, für mich eher einem Hochleistungssport gleichkommen.

Nun sind mir neben der sozialen Komponente noch andere Parallelen aufgefallen, wobei ich mir allerdings unschlüssig bin, ob sie wirklich störend sind oder nur von anderen, also von außen, als störend empfunden werden. Da fallen mir auch zahlreiche Situationen ein, in denen seitens meiner Familie versucht wurde, ‚meinen' Weg zu einem gewissen Ziel zugunsten eines allgemeingültigen Weges abzutrainieren. Das Ergebnis blieb das gleiche, aber die Art, wie ich Dinge tat, schien falsch zu sein.

Offenbar schätzen Sie das alles optimistischer ein als ich. Ich bin eher skeptisch eingestellt, aber wahrscheinlich bleibt das bei den Erfahrungen nicht aus. Allerdings möchte ich nicht wieder warten, bis alles aus den Fugen gerät.

Was das Chaos in meinem Kopf angeht: Ich merke, dass mir unzählige Situationen einfallen, die unschön bis katastrophal verlaufen sind. Und frage mich, ob Autismus wirklich eine Antwort sein kann. Einfach adaptieren kann ich es nicht. Und sortiert ist das Ganze auch noch nicht. Vieles erscheint in einem neuen Licht und ich frage mich, ob der Blickwinkel so wirklich stimmt…

Wie könnte eine konkrete Unterstützung aussehen? Ich bin nicht wirklich geübt darin, um Hilfe zu fragen. Zudem weiß ich nicht, ob Sie – da Sie ja offensichtlich

über eine gewisse Erfahrung auf dem Gebiet verfügen –
bestimmte Konzepte (?) haben.
Mit freundlichen Grüßen.
Fenna.

Sehr geehrte Fenna,
Autismus ist noch ein Verdacht. Traumatisierungen und andere Ereignisse können ebenfalls zu ähnlichen Symptomen führen. Vor diesem Hintergrund sollten Sie Ihre Recherchen zunächst einordnen.
Die genaue und anerkannte Diagnostik ist schwierig, gerade im Erwachsenenalter. Ich wollte hier einen 20jährigen Mann nach der Verdachtsdiagnose testen lassen. Wir haben aber bis heute keine Anlaufstelle in dieser Gegend gefunden, die autorisiert ist und die Kompetenz besitzt, derartige Untersuchungen durchzuführen. In anderen Bundesländern gibt es offenbar deutlich bessere Möglichkeiten.
Eine Frage für Sie wird lauten, ob Ihr Selbststudium und die Verdachtsdiagnosen erst einmal für Sie ausreichend sind, oder ob Sie „offiziell" Klarheit haben möchten.
Auch ich bin kein Freund von Esoterik, da gebe ich Ihnen Recht.
Mich wundert es, dass bisher noch niemand, insbesondere der Schulpsychologische Dienst, das Thema „autistische Symptome" mit Ihnen oder mit Ihren Eltern zur Sprache gebracht hat. Ob nun tatsächlich Autismus dahinter verborgen ist, ist ja grundsätzlich eine weitere Frage. Denn die Symptome waren, wenn ich Ihre Erzählungen richtig verstanden habe, ja schon immer da.
Ich kann Ihnen folgende Angebote für eine Unterstützung anbieten:

1. Falls Sie eine genaue Diagnose wünschen, kann ich Ihnen dabei behilflich sein. Sie oder ich würden die zuständige Stelle auswählen, Sie oder ich würden damit Kontakt aufnehmen, ich könnte Sie dorthin begleiten, ich könnte Ihnen bei den vielen Fragebögen behilflich sein.

2. Ich könnte Ihnen beim Ausschluss anderer Ursachen behilflich sein. Dieser Punkt ist wichtig, um nicht vielleicht andere Ursachen, die ebenfalls dringend bearbeitet oder behandelt werden müssen, zu übersehen.

3. Begleiterscheinungen bzw. weitere Störungen (sogenannte Komorbiditäten) sollten in den Blick genommen werden. Auch das ist wichtig, zum Beispiel wenn sich parallel eine depressive Verstimmung entwickelt hat. Auch dabei könnte ich ihnen u.a. durch eine umfangreiche Anamnese Unterstützung bieten. Eventuell müssten auch weitere Fachärzte mit einbezogen werden.

4. Ich könnte Ihnen zur Seite stehen, wenn Sie das Chaos in ihrem Kopf zu sortieren versuchen und mit vielen Fragezeichen in die Zukunft blicken. Besonderes Augenmerk sollte dabei auf Ihre „ausgearbeiteten Fahrpläne" und Ihre Reaktionsmuster gelegt werden. Ich könnte dabei ein neutraler Trainingspartner für Sie werden, um unterschiedliche soziale Situationen so zu trainieren, dass Sie und Ihre Mitmenschen damit besser klarkommen. Ich würde dabei versuchen, Sie und Ihre Wahrnehmung bestmöglich zu verstehen und Ihnen als Übersetzer die Wahrnehmung Ihrer Mitmenschen entsprechend vermitteln. Theoretische und konzeptuelle Grundlagen sind dabei die Ansätze der klientenzentrierten Gesprächstherapie und der Verhaltenstherapie.

5. Ein ganz wichtiger Punkt sind Ihre besonderen Fähigkeiten. Hier wären folgende Fragen von besonderer Bedeutung: Wie können Sie Ihre Fähigkeiten am besten einbringen? Wie können Sie Ihre Zukunft so gestalten, dass es Ihren Bedürfnissen und den Anforderungen der Gesellschaft gleichermaßen entspricht?

6. Ich könnte versuchen, all die vielen Fragen, die sich bei Ihnen im Laufe der Jahre angesammelt haben, zu reflektieren.

2 Die erste Sitzung

Obwohl ich bisher sehr wenig schriftlich mit meinen Klienten kommuniziert habe, würde ich bei Ihnen eine Ausnahme machen. Im Gegenteil, Sie können sich vermutlich per Schriftsprache besser mitteilen als in der sozialen Situation. Sobald aber auch Ihre sozialen Fertigkeiten trainiert werden sollen, wären persönliche Treffen ratsam.

Ja, ich bin optimistisch. Ich kann mir gut vorstellen, dass aus der „Sonderbaren aus dem letzten Büro" die „Besondere aus dem letzten Büro" wird.

Ich bin gespannt auf Ihre Antwort.
Mit besten Grüßen.
Herr Armona.

Sehr geehrter Herr Armona,

mir ist bewusst, dass es sich um einen Verdacht handelt. Des Weiteren habe ich zwischenzeitlich gelesen, dass es sich bei Autismus um eine sogenannte ‚Ausschlussdiagnose' handelt. Inwiefern eine Verdachtsdiagnose für mich ausreichend sein wird, kann ich zum jetzigen Zeitpunkt noch nicht sagen. Aber ich halte es nicht für sinnvoll, eventuelle Fachstellen zu bemühen und Kapazitäten in Anspruch zu nehmen, so lange der Verdacht nicht eindeutig begründet bzw. andere Ursachen ebenso eindeutig ausgeschlossen werden konnten. Unter dem Gesichtspunkt stellt sich für mich natürlich auch die Frage, inwieweit meine Eigenrecherchen sinnvoll sind. Ich neige dazu, mich sehr in Themen zu verbeißen und dann sehr tief in die Materie einzudringen. Anders als bei meinen sonstigen thematischen Schwerpunkten bleibe ich jedoch diesmal nicht neutral außen vor, sondern stecke quasi mittendrin. Inwiefern das dann den Blick eher trübt statt Klarheit bringt, kann ich nur schwer beurteilen. Ein von außen greifendes Korrelat halte ich hier nicht nur für sinnvoll, sondern sogar für notwendig.

Was den Schulpsychologischen Dienst angeht, war das eine Maßnahme, zu der ich seitens der Schule nach meiner Nichtversetzung mehr oder weniger genötigt wurde. Meine Eltern wurden in diesen Prozess nicht eingebunden und so lange außen vorgelassen, bis sie selbst aktiv eingriffen. Ich für meinen Teil habe dem aber vorerst keine große Bedeutung gegeben. Ich war der Meinung, wenn ich mich etwas mehr anstrenge, würde das schon irgendwie klappen. Mir selbst war das damals, um ehrlich zu sein, alles ziemlich egal. Ich wollte einfach nur meine Ruhe haben.

Ob die Auffälligkeiten wirklich als ‚Symptome' wahrgenommen wurden, wage ich zu bezweifeln. Ich war weder ein ‚normales' Kind noch ein ‚normaler' Jugendlicher, die einen werteten das als ‚Verzogenheit', die anderen als gezielte Provokation. Besser wurde es erst in der Oberstufe, als ich einen neuen Lehrer bekam. Er hat immer schon frühzeitig eingegriffen und verhindert, dass Situationen aus dem Ruder laufen. Und mir teils sehr genau erklärt, warum die Menschen in meiner Stufe so reagieren, wie sie reagieren. Und was an meiner Reaktion oder eben an meiner Nicht-Reaktion ungünstig war.

Ähnlich hat auch mein Vater oft agiert. Mein Vater und ich sind in der Hinsicht recht ähnlich, er kann daher viele Dinge leichter nachvollziehen, die meiner Mutter ein Rätsel waren oder sind.

In Bezug auf die sechs Punkte, die Sie mir nannten, halte ich es für sinnvoll, den Punkt 2 einem möglichen Punkt 1 vorzuziehen. Punkt 3 geht, vermute ich einmal, mit den beiden vorigen Punkten so oder so einher? Dem 4. Punkt kann ich zustimmen, darin eingeschlossen wäre, wenn ich das richtig verstanden habe, auch Punkt 6. Bei Punkt 5 bin ich zugegebenermaßen etwas ratlos.

Es ist richtig, dass mir das Schriftliche wesentlich leichter fällt als eine direktverbale Situation. Allerdings ist mir klar, dass ich wenig gewinne, wenn ich nur mit dem Instrument übe, dass mir sowieso vertraut ist.

Um ehrlich zu sein möchte ich weder die ‚Sonderbare' noch die ‚Besondere' sein. Ich wäre froh, wenn ich nicht mehr in Situationen komme, in denen ich mich erklären muss, Unverständnis ernte und umgekehrt nicht verstehe, warum die Dinge aus dem Ruder laufen. Bislang habe ich keine Kontinuität über drei Jahre hinausgeschafft. Langfristig würde ich gerne irgendwo ankommen. So, dass ich nicht irgendwann wieder wegmuss.

Mit freundlichen Grüßen.

Fenna.

3

Die zweite Sitzung

Fenna
Der Parkplatz ist frei. Der Parkplatz, auf dem ich auch in der vergangenen Woche stand. Er hat Potenzial, „mein" Parkplatz zu werden. Sollte ich öfter kommen, wird es mein Parkplatz.

Ich bin wieder zu früh. Und wieder warte ich im Auto. Mit Blick auf die Uhr.

17.25 Uhr–17.26 Uhr–17.27 Uhr–17.28 Uhr.

Aussteigen. Abschließen. An der Beifahrertür einmal kontrollieren, ob der Schließmechanismus funktioniert. Die Straße überqueren, bis zum Haus.

Punkt 17.30 Uhr drücke ich auf die Klingel, die blau blinkt. Wieder das blaue Blinken, das ich irgendwie mag. Herr Armona öffnet die Tür, erstaunlich schnell. Kein Händereichen, das sagte er bei der vergangenen Sitzung. Ob er sich daran erinnert? Oft sagen Menschen Dinge, die sie dann schnell wieder vergessen. Oder sie sagen Dinge, die sie nicht so meinen, wie sie sie sagen. Ob das mit den

Berührungen genau so ist? Er sagt nur „Hallo Fenna". Ich finde es immer seltsam, wenn ich mit meinem Namen angesprochen werde. Ich kann ihn nicht mit mir in Verbindung bringen. Noch befremdlicher finde ich es, wenn ich andere Menschen mit Namen ansprechen muss. In Briefen oder Emails kann ich dieses Befremden ignorieren, bei meinem direkten Gegenüber aber nicht. Meistens versuche ich, die Ansprache mit dem Namen zu vermeiden. Habe Ausweichstrategien, um Namen zu umgehen. Also sage ich nur „Hallo."

Herr Armona
Ich habe diesmal den Termin an das Ende des Tages gelegt. Damit das Gespräch nicht irgendwann abgebrochen werden muss, kein Zeitdruck entsteht.

Den Schreibtisch habe ich schon gestern aufgeräumt. Mir fällt auf, dass ich mit einem etwas veränderten Blick mein Büro betrachte, vor allem das Bücherregal. Und den ganzen anderen Kram. Mir fällt jetzt auch auf, dass der Straßenlärm stört, trotz geschlossener Fenster. Ich bin etwas angespannt.

Sie ist pünktlich. Auf die Minute.

Ich bitte sie herein, es gibt keine Berührung, kein Handreichen. Ich bitte sie, sich zu setzen. Ich setze mich, warte einige Sekunden, sage dann: „Fühlen Sie sich sicher und entspannt". Ich meine, ein Lächeln zu erkennen.

Fenna
Erste Tür rechts. Linker Hand das Aquarium. Das Chaos-Regal an der Wand. Rechts der Chaos-Schreibti… nein. Der Schreibtisch. Aufgeräumt, fast leer. Binnen Sekunden gleicht sich das aktuelle Bild mit dem Bild ab, das ich in der vorigen Sitzung sah. Wie zwei halbdurchsichtige Fotografien, die man übereinanderlegt. Es fehlen viele Sachen. Und der Schreibtischstuhl steht falsch.

Die logarithmische Spiral-Muschel ist nicht zu sehen. Am liebsten würde ich den Stuhl wegrücken, denn ich mag die Muschel. Sie ist ein fester Punkt im Raum, ein Fixpunkt. Und jetzt ist sie verdeckt. Genauso wie die Schachfiguren. Am Schreibtischbein finde ich einen hellen Punkt, eine weiße Macke im Holz. Neuer Fixpunkt. Ausweichfixpunkt. Etwas, an dem die Augen hängen bleiben können. So kann ich mich auf das konzentrieren, was ich höre.

Ich mag Herrn Armonas Schuhe nicht. Es sind nicht dieselben wie vergangene Woche. Diese Schuhe sind dunkler und irgendwie – alltäglich. Der abgerissene Schnürsenkel fehlt. Die Schuhe habe er von Aldi. Ob ich auch bei Aldi einkaufe? Ich weiß nicht, was er von mir will. Rette mich in irritiertes Schweigen, hoffe, dass die Situation vorüber geht. Er steht auf, geht durch den Raum. Wo will er hin? Nirgendwo. Er gehe einfach gerne mal durch den Raum und mache nicht vorhersehbare Dinge, sagt er. Ein bisschen seltsam ist er schon.

Herr Armona
Sie schaut sich intensiv im Büro um. Ist sie irritiert? Nicht zu erkennen. Sie sagt: „Sie haben den Schreibtisch aufgeräumt." Ich sage: „Ja, weil Sie heute wieder da sind." Ihre Augenbrauen heben sich leicht an. Sie blickt sich weiter um. Dann sagt sie mir, welche Dinge auf dem Schreibtisch fehlen, zum Beispiel zwei Teelicht-Gläser. Ich frage nach weiteren Dingen. Ja, sie hat sich alles gemerkt. Auch meine Schuhe. Ich hätte jetzt andere Schuhe an. Die Schuhe vom letzten Mal hätten ihr besser gefallen. Da wäre auch ein Schnürsenkel abgerissen gewesen. Stimmt. Ich hatte nur einen einfachen Doppelknoten gemacht. Ich sage, dass ich die Schuhe bei Aldi gekauft habe. Sie reagiert darauf, ich kann es aber nicht genau deuten. Ich verzichte jetzt auf eine Nachfrage.

Fenna
Wieder ist das Thema der Blickkontakt. „Wissen Sie eigentlich, wie ich aussehe?" Was will er denn jetzt? Draußen rauschen die Autos vorbei, rumpeln über das Kopfsteinpflaster. Hinter mir gluckern die Fische im Aquarium. Manchmal kommen sie an den Wasserrand und es gibt ein blubberndes Geräusch.

Menschen. Er will über Menschen reden. Über ihr Aussehen. Herr Armona bringt mir ein Bild. Ein Teppich, darauf ein Hund und ein Mensch. Ein Mensch mit kleinen Händen. Ein Kind. Auf den ersten Blick könnte ich nicht sagen, ob es ein Junge oder ein Mädchen ist. Aber ein Kind. Da ist auch eine Zahnlücke. Die hat Herr Armona selbst noch gar nicht gesehen. Verrückt. Dabei hängt das Bild doch in seinem Büro an der Wand.

Nein, ich weiß nicht, wie er aussieht. Ich weiß, welche Kleidung er trägt, welche Brille (wenn er sie nicht gerade selbst sucht) und was für Schuhe. In diesem Praxis-Kontext weiß ich, dass er es ist. In der Innenstadt wüsste ich es nicht. Ich erkenne Leute häufig nicht wieder. In dem Moment, in dem ich sie nicht mehr sehe, verschwinden sie auch aus meinem Gedächtnis. Ich weiß, was sie gesagt und getragen haben. Aber wie sie „aussehen", das weiß ich nicht. Fehlt ein wichtiges Detail, erkenne ich selbst Verwandte nicht mehr wieder.

Herr Armona
Ich spreche mit ihr über Menschen, über Äußerlichkeiten. Darüber habe sie sich so noch keine Gedanken gemacht. Es ist wohl nicht ihr Lieblingsthema. Genauso wie ihr Essverhalten. Das hätte schon immer zu langen Diskussionen geführt. Ich frage trotzdem nach. Mich interessiert in erster Linie, ob eventuell Mangelerscheinungen möglich sind, durch einseitiges essen. Sie isst einseitig, sehr einseitig. Ihr scheint die Problematik einer möglichen Fehlernährung nicht bewusst zu sein.

Ich stelle Fragen, sehr viele Fragen. Zu viele? Ich gehe mit ihr die letzten Emails durch, hatte mir einige Stellen markiert. Frage sie, ob sie Gesichter erkennen kann, ob sie ihren Chef auf der Straße erkennen würde. Sie sagt: „Wohl nicht." Eher an den Kleidern, dem Stil, der Art zugehen, der Stimme. Ich nehme ein Bild im Büro von der Wand, frage sie, was darauf zu sehen ist. Ein Hund und wohl ein Mädchen, wegen der Hände, und der Zahnlücke.

Fenna
Abrupt wechselt Herr Armona das Thema. Will wissen, was ich esse. Wie ich esse. Ich mag das Thema nicht. Erzähle von meinen Nudeln. Und dem Spinat. Und den grünen Äpfeln. Ein bestimmtes Grün müssen sie haben, müssen „richtig" sein. „Wie essen Sie die Äpfel?", will er von mir wissen. „Mit dem Mund", gebe ich zur Antwort. Während ich mich noch über die seltsame Frage wundere und mich frage, ob ich ausführlicher ins Detail gehen muss, fängt er an zu lachen. 99 % der Menschen, so erklärt er mir dann, hätten nun dargelegt, ob sie Äpfel schneiden oder schälen. Und das wollte er auch eigentlich von mir wissen. Ich komme mir dumm vor.

Er bleibt lange bei dem Thema Essen. Ich fühle mich an die Situationen zu Hause erinnert, an endlose Diskussionen: „Andere Sachen schmecken auch" oder „Probier doch einfach mal was Neues", hieß es da häufig. Dabei mag ich die Sachen, die ich esse. Ich kenne sie. Weiß, wie ich sie zubereiten muss, wie sie schmecken, wie sie riechen. Sie sind ein fester Bestandteil, etwas Geordnetes. Ob ich das Essen genieße, will er wissen. Ich verneine. Es ist eine Notwendigkeit, auf die ich verzichten würde, wenn ich es könnte. Aber die Biologie verbietet es. So einfach ist das. Er scheint das anders zu sehen.

Herr Armona
Das Gespräch ist schleppend, manchmal geht es besser, manchmal scheint es festgefahren, verzettelt. Das liegt an mir, ich kann mich nicht klar und präzise ausdrücken, zumindest nicht immer so, wie ich es gerne möchte.
Hinzu kommt ein diffuses Gefühl, eine Vermutung. Autismus? Ja, aber da scheint noch mehr zu sein, die einzelnen Teile passen noch nicht zusammen. Ich habe noch kein Gesamtbild. Gibt es Widersprüche? Ich verlagere deswegen meine Fragen unvermittelt in neue Themen, springe zurück, weil mir zu bereits besprochenen Dingen noch Informationen fehlen. Ich merke, wie ich teilweise ins Trudeln gerate, meine Gedanken meinen Verstand überholen. Ich suche fehlende Puzzleteile, fehlende Verbindungsstücke, die Klarheit bringen. Komme aber irgendwie nicht weiter.
Die Sitzung ist jetzt schon zeitlich enorm überzogen. Und ich suche immer noch nach Ansatzpunkten. Ich bin tiefer in ihre Welt eingedrungen, habe aber mit jedem weiteren Schritt wieder neue Fragen.

Fenna
Irgendwie fehlt der rote Faden. Ich komme dem Gespräch nicht hinterher. Zu sprunghaft. Die Wechsel sind nicht vorhersehbar, willkürlich. Mal geht er auf die Emails ein, dann wieder auf das Thema Essen, dann auf Berührungen. Strukturlos. In meinem Hinterkopf macht sich ein dumpfer Druck breit, ich merke, dass meine Konzentration nachlässt. Herr Armona ist anstrengend. Die Straße vor dem Fenster scheint immer lauter, immer unruhiger zu werden. Manchmal blenden die Scheinwerfer der Autos. Draußen reden Leute. Das Telefon klingelt. Ich erschrecke.

3 Die zweite Sitzung

Herr Armona
Sie hat Humor. Sie hat häufiger gelächelt. Ich habe den Eindruck, dass die Art von Annäherung, die wir gerade vollziehen, auch für sie neu ist.

Ich sage ihr, dass ich wie ein Trainingspartner sei. An mir könne sie sich und neue Techniken ausprobieren. Sie bekomme von mir immer ein Feedback. Bei mir gebe es keine sozialen Sanktionen. Sie könne auch Fragen stellen. All die Fragen, die vielleicht in den letzten Jahrzehnten nicht gestellt wurden.

Fenna
Die Sitzung ist zu Ende. Sie schien lang gedauert zu haben, ich weiß es aber nicht genau. Es ist dunkel draußen, angenehm dunkel. Ich würde gerne rausgehen, muss aber die Verabschiedung hinter mich bringen. Wieder weiß ich nicht, wie ich vorgehen muss. Wie der Anschluss zu finden ist. Ob es überhaupt einen gibt. Die Briefe, die Emails sind einfacher. Das sage ich ihm auch. Er lässt die Möglichkeit offen, möchte, dass ich mich melde. Aber ich weiß nicht, was ich ihm schreiben soll, wenn er nichts fragt. Ich weiß nicht, was wichtig ist. Was er wissen muss. Ich suche den sozialen Fahrplan, damit ich verstehe, welche Informationen er von mir braucht. Und welche ich ihm überhaupt geben darf.

Ich bin müde.

Herr Armona
Ich bin unsicher, ob der bis jetzt überdurchschnittlich umfangreiche Email-Kontakt für sie zu viel ist, zu sehr in ihre Welt eindringt, stört. Ich sage ihr, dass ich ihr den Umfang der Email-Kommunikation überlasse, selbst vielleicht erst mal eine Pause mache. Sie reagiert, ich kann aber die Bedeutung nicht genau erkennen. Die Unsicherheit bleibt.

Jetzt kommt wieder die Verabschiedung. Ich muss die einzelnen Schritte der Beendigung des Besuchs deutlich einleiten. Begleite sie bis vor die Tür. Sie sagt „Tschüss", dreht sich um, zögert etwas in ihrer Bewegung, dreht sich nochmals halb zu mir zurück: „Sie können ruhig weiter Emails schreiben". „Ja, okay."
Dann geht sie.

3.1 brieflicher Nachklapp

Hallo Fenna,
ich bitte Sie, mir kurz und spontan jeweils fünf Dinge zu nennen, die Sie an der heutigen Sitzung gut bzw. schlecht fanden.
Bitte antworten Sie innerhalb von 15 min, nachdem Sie diese Email gelesen haben (also nicht zu lange überlegen).
Grüße
Herr Armona

Hallo Herr Armona,
fünf Dinge, die ich an der heutigen Sitzung gut fand:

1. Die Rückbezüge auf meine Emails. So war für mich recht schnell zu erkennen, worauf Sie hinauswollen.
2. Ihr aufgeräumter Schreibtisch. Das lenkt weniger ab.
3. Die Freiheit, die Dinge so sagen zu können, wie ich sie denke. Das erspart mir das mühsame Suchen nach „angemessenen" Formulierungen auch wenn ich mich noch daran gewöhnen muss, dass es wirklich nicht falsch aufgefasst wird.
4. Die fehlende Hektik in der Gesprächssituation. Die auch Ihrerseits zugelassenen Pausen haben die Sitzung ruhiger gemacht. Normalerweise erlebe ich Gespräche weit konfuser und hektischer.

5. Und wichtig: Das Feedback, das Sie mir geben. So erhalte ich eine Rückmeldung, was warum wie von anderen als irritierend empfunden wird und bekomme einen Blick auf die Außenwahrnehmung.

Fünf Dinge, die ich an der heutigen Sitzung schlecht fand:

1. Ihr Schreibtischstuhl stand leider vor dem Glas mit den Muscheln. Eine der Muscheln ist einer meiner Fixpunkte im Raum.
2. Der Verkehr vor dem Fenster. Besonders die LKW sind auffallend und störend. Kann man aber wohl nicht ändern.
3. Zwischendurch fehlte mir der sprichwörtliche rote Faden. Ich wusste nicht, welche Zielpunkte Sie mit einigen Fragen ansteuern wollten. Oder ob es diese Zielpunkte überhaupt gab.
4. Thematisch fand ich das Thema Essen und andere Menschen (und deren Aussehen) schwierig. Wahrscheinlich, weil ich zumindest zu Ersterem schon einige Diskussionen hatte und mir zu Zweiterem noch nie wirklich Gedanken gemacht habe. Wobei hier zu differenzieren ist: Ich fand es nicht „schlecht", sondern einfach schwierig.
5. Fällt mir „spontan" im Rahmen der 15 min nichts ein.

Mit lieben Grüßen
Fenna
P.S. Auch auf die Gefahr, mich jetzt zu blamieren – ich warte dann wieder Ihre Reaktion ab?

Danke!

3.2 Über den Tellerrand – Wahrnehmung

Kommt man mit Menschen mit Autismus ins Gespräch, so beschreiben auffallend viele Besonderheiten in der Sinneswahrnehmung. Im aktuellen ICD-10, dem diagnostischen Manual in Medizin und Psychiatrie, tauchen diese abweichenden Sinneswahrnehmungen nicht auf. Auch wenn es bislang wenig aussagekräftige Studien zu dem Thema gibt, so halten auch führende Autismus-Experten in Deutschland es für wahrscheinlich, dass ein direkter Zusammenhang zwischen Autismus und Wahrnehmungsbesonderheiten besteht,

> *„weil zahlreiche autistische Menschen immer wieder über eine besondere Vielfalt von Sinneseindrücken berichten, die kaum zu ertragen ist und besondere Schutzmaßnahmen im Sinne einer besonders reizarmen Umgebung benötigt"* (Vogeley 2016, S. 79).

In der Freiburger Autismus-Ambulanz, in der man vor allem auf erwachsene Menschen mit Autismus spezialisiert ist, konnten diese Besonderheiten in der perzeptiven Wahrnehmung immer wieder beobachtet werden:

> *„Hier berichten viele Betroffene von einer extremen Empfindlichkeit im Hinblick auf eine akustische, visuelle, taktile oder olfaktorische Reizüberflutung"* (Tebartz van Elst 2016, S. 31).

Bei Fenna zeigt sich in der Praxissituation vor allem eine auditive und visuelle Überempfindlichkeit. Die Geräusche der Straße sind – obwohl nun bekannt – weiterhin zu laut, auch wenn sie objektiv betrachtet leise erscheinen. Die einströmenden Geräusche lassen sich dabei nicht nach Relevanz „filtern", wie das bei nicht-autistischen Menschen der Fall ist. In der Regel pegelt das Gehirn quasi automatisch unwichtige Hintergrundgeräusche herunter, gleichzeitig werden relevante Reize so verstärkt, dass sie in einem gewissen Rahmen verstehbar bleiben. Auf diese Weise ist beispielsweise ein Gespräch in einer vollen Kneipe möglich. Auch der Effekt, dass Gespräche am Nachbartisch ausgeblendet werden, gehört zu dieser Filterleistung dazu. Interessant ist, dass die Nachbargespräche so lange ausgeblendet werden, bis zufälligerweise ein Stichwort oder der Name einer Person am Nebentisch fällt. Mit dem Wort switcht die Aufmerksamkeit fast vollautomatisch um und man hört – teils, ohne es zu wollen – dem fremden Gespräch zumindest kurzzeitig zu.

Ähnlich ist es mit anderen typischen akustischen Signalen:

„Die Schulglocke oder andere Geräusche können an Kindern mit Autismus spurlos vorübergehen, und oft registrieren sie nicht einmal, wenn sie angesprochen werden. Zu einem anderen Zeitpunkt beschließt ihr Gehirn aber, die Informationen wahrzunehmen, und dann reagieren sie. Manchmal empfinden sie die Geräusche dann lauter als andere Menschen. Wir registrieren ein Geräusch nicht mehr, wenn es längere Zeit ohne große Veränderung anhält, doch autistische Kinder können sich nicht an ein andauerndes, gleichbleibendes Geräusch gewöhnen und blenden es aus. Daher wenden sie solchen Geräuschen dann mehr Aufmerksamkeit zu. Manchmal sind sie überempfindlich gegenüber einem Geräusch und unterempfindlich gegenüber einem anderen" (Ayres 2016, S. 176 f.).

In diesem Kontext beschreiben Menschen mit Autismus, dass sie zu diesen Filterleistungen nur eingeschränkt oder gar nicht fähig sind. Bereits kleine Gesprächsgruppen können die akustische Fähigkeit überfordern – obwohl das Hörvermögen in der Regel bei Autisten normal oder sogar besonders gut ausgeprägt ist. Zwischen 70 und 85 % der Personen mit Asperger-Syndrom berichten über Geräuschempfindlichkeiten. Dabei seien es drei Arten von Geräuschen, die als unangenehm eingeordnet werden: Unerwartete, plötzliche Geräuschquellen (beispielsweise Telefonklingeln); hohe, andauernde Geräusche (vorwiegend von elektrischen Geräten) sowie sich überlagernde Geräusche, beispielsweise das Stimmengewirr im Einkaufszentrum oder einem Café (Attwood 2012, S. 327 f.). Gerade im letzten Fall ist der Effekt vergleichbar mit einem vollen Hallenbad: das Stimmengewirr vermischt sich zu einer Art einheitlichem Klangbrei, aus dem heraus einzelne Informationen nicht mehr differenziert werden können.

„Besonders Eindrücke in der akustischen Sinnesmodalität sind belastend [...]. Die Geräusche werden als unangenehm empfunden oder als übermäßig laut" (Attwood 2012, S. 327 f.).

Die Problematik mit dem nicht-autistischen Umfeld besteht darin, dass diese Geräusche als völlig normal und zur Umwelt gehörend empfunden werden. Zwar wird beispielsweise das Geräusch eines Föhns von den meisten Menschen als laut, aber nicht als so unangenehm empfunden, dass das Haare föhnen nahezu unmöglich wird.

Den Umgang mit dieser Form der Überempfindlichkeit beschreibt Temple Grandin (2012, S. 329):

„Wenn ich mit lauten und verwirrenden Geräuschen konfrontiert war, konnte ich sie nicht modulieren. Entweder musste ich das alles aussperren und mich zurückziehen oder ich ließ es hinein und wurde wie von einem Güterzug

davon überrollt. Um diesen Ansturm zu vermeiden, habe ich mich oft zurückgezogen und die Welt ausgesperrt. Auch als Erwachsener habe ich immer noch Probleme mit den akustischen Reizen [...], obwohl mein Gehör ansonsten normal ist."

Interessant ist, dass es auch den gegenteiligen Effekt gibt: es gibt autistische Menschen, die beschreiben, dass sie bestimmte Frequenzen nicht wahrnehmen können. So erwähnt Temple Grandin, dass sie beim Telefonieren große Probleme habe, da das Gerät die Stimmen auf einer Frequenz verändere, die sie nur bruchstückhaft wahrnehmen kann. Somit fehlen ihr dann schlicht Teile des Gesprächs.

Diese Überempfindlichkeit führt dazu, dass viele Menschen mit Autismus von sich aus bereits den Rückzug wählen und Situationen mit potenziellen Störgeräuschen meiden. Denn in der Regel erfahren sie, wenn sie von ihrer Überempfindlichkeit berichten, kein Verständnis. Schließlich seien die Geräusche „normal", „andere stört es doch auch nicht" und die Person solle eben nicht „so empfindlich" sein. Je nach Ausprägung der so gemachten negativen Erfahrungen kann es sein, dass Menschen mit Autismus diese Überempfindlichkeit nicht mehr zur Sprache bringen und unverhältnismäßig lange in einer an und für sich für sie unerträglichen Situation bleiben – oder aber sie meiden die Überreizung von vornherein ohne nähere Erklärung, was das negative Feedback des Umfelds wiederum verstärkt.

Auch visuell zeigen viele Menschen mit Autismus sowohl Über- wie auch Unterempfindlichkeiten. Laut Tony Attwood (2012, S. 338) könne jedes fünfte Kind mit dem Asperger-Syndrom auf Wahrnehmungsbesonderheiten dieser Art verweisen. Neben unangenehmen visuellen Eindrücken wie grelles Licht gibt es auch visuelle

Wahrnehmungen, die als angenehm empfunden werden und zu einer für das Umfeld befremdlich scheinenden freudigen Erregung führen können,

> *„etwa Beispiele von Symmetrie. So können sich Kinder an den parallelen Schienen und Schwellen eines Gleises begeistern, an Zäunen oder Strommasten in der Landschaft"* (Attwood 2012, S. 338).

Die von Fenna als Fixpunkt benannte gedrehte Muschel ist ein solches Beispiel – in anderen Kontexten zeigte sie außerdem ein reges Interesse an sich drehenden Gegenständen wie Kreisel oder symmetrische Mobilés. In den Praxisräumen, später auch außerhalb, zeigt sie zudem eine starke Überempfindlichkeit auf Lichtreize. Die vorbeifahrenden Wagen haben teils zu grelle Scheinwerfer, Deckenlampen sind oftmals zu grell, bei Neonröhren wird zudem ein beständiges Flackern wahrgenommen. Menschen mit Autismus und einer ähnlichen Überempfindlichkeit neigen daher dazu, sich mit Sonnenbrillen und Schirmmützen gegen die Lichtreize zu schützen. Zur Irritation ihrer Mitmenschen nehmen sie diese dann aber auch in Räumen nicht ab, weil – ähnlich wie bei auditiven Reizen – das, was dem Umfeld als „normal" vorkommt, hier bereits zu viel des Guten ist.

Liegt eine Abneigung gegen bestimmte Farben vor, kann es sein, dass sich autistische Menschen vorwiegend dunkel kleiden und so den Anschein erwecken, beispielsweise der Gothic-Szene anzugehören. Dabei ist die schwarze Kleidung in diesem Fall lediglich zweckmäßig (Attwood 2012, S. 339).

Interessanterweise zeigen viele – wenn auch bei weitem nicht alle – autistische Menschen ein Zusammenspiel verschiedener Sinne:

„Eine weitere Besonderheit […] ist das Phänomen der sogenannten Synästhesie. […] So können etwa Töne plötzlich Farbwahrnehmungen auslösen. Bei autistischen Personen wird immer wieder in Fallberichten oder autobiographischen Darstellungen von teilweise sehr komplexen und eindrucksvollen Phänomenen berichtet, in denen z. B. komplexe innere Bilder erscheinen, die bestimmte kognitive Leistungen begleiten, z. B. Rechenoperationen" (Attwood 2012, S. 80).

Neben der auditiven lässt sich am häufigsten eine taktile Empfindlichkeit bei Menschen mit AS beobachten. Hierbei wird teils bereits einfacher Körperkontakt als unangenehm empfunden, manchmal wird auch bestimmte Kleidung abgelehnt, da der Stoff taktil überreizt. Fenna beschreibt beispielsweise, dass Wollstoffe für sie unerträglich sind, da sie unabhängig von der Wollart ein permanentes Stechen und Jucken auf der Haut verspürt. Auch eingenähte Schilder reizen sie permanent, sodass sie, um sich an den Stellen nicht blutig zu kratzen, sämtliche Etiketten in der Kleidung systematisch entfernt. Dabei werden nicht prinzipiell bei allen Menschen mit Autismus alle Formen von Berührungen als unangenehm empfunden. Manche verweigern jede Form von Körperkontakt, andere haben eine Abneigung gegen leichte Berührungen, empfinden festen Druck aber als sehr angenehm und beruhigend, wieder andere empfinden Umarmungen als unangenehm.

„Als Baby weigerte ich mich immer, berührt zu werden, und als ich etwas älter war, machte ich mich steif und zuckte zusammen, wenn Verwandte mich umarmen wollten" (Grandin 2012, S. 155).

Die Empfindlichkeit bezieht sich dabei nur bedingt auf den gesamten Körper, viele autistische Menschen beschreiben eine Überempfindlichkeit, die vor allem den Kopf, die Oberarme und die Handflächen umfasst (Attwood 2012, S. 333). Im alltäglichen Umgang ergeben sich durch diese Empfindlichkeit Probleme. So vermeiden Menschen mit AS, anderen Menschen zur Begrüßung die Hand zu geben, was in der sozialen Kommunikation als unangemessen und unhöflich angesehen wird. Für manche ist ein Friseurbesuch unmöglich oder sie empfinden das Gefühl von Wasser auf der Haut als unangenehm (Asperger 1943, S. 53), darunter leidet dann die Hygiene und prägt entsprechend das Bild nach außen. Ebenfalls ein großer Konfliktpunkt stellt das Thema Berührungen innerhalb einer Partnerschaft dar, hier wird ein Vermeiden von Körperkontakt schnell als fehlende Zuneigung missinterpretiert. Insgesamt scheint zusätzlich dadurch die Bewegung im Raum problematisch zu sein:

„Autistische Kinder haben Schwierigkeiten, taktile Reize zu lokalisieren, und sie wissen nicht, wo ihre Hände sind, sobald sie sie nicht mehr sehen können. Sie haben große Schwierigkeiten, ihre Bewegungen zu planen, wenn sie eine ungewohnte Körperposition einnehmen sollen, die ihnen die Testleiterin vormacht" (Ayres 2016, S. 172 f.).

Neben der Empfindlichkeit gegenüber menschlichen Berührungen zeigen viele Personen mit Autismus-Spektrum-Störungen zudem eine große Abneigung gegen bestimmte Stoffe. So neigen sie dazu, bestimmte Kleidungsstücke – die in einem gewissen sozialen Kontext unter Umständen gefordert sind – komplett zu verweigern. Oder aber sie finden ein „passendes" Kleidungsstück aus dem für sie richtigen Stoff und kaufen dieses Teil dann gleich in mehrfacher Ausfertigung. Die Maßstäbe, die dabei angelegt werden, sind für nicht-autistische Menschen häufig nicht nachvollziehbar (Attwood 2012, S. 333).

Viele autistische Menschen beschreiben, dass sie positiv auf konstanten äußeren Druck reagieren. Temple Grandin beschrieb diesen beruhigenden Effekt des Drucks, nachdem sie sich eine entsprechende Maschine gebaut hatte. Vorbild war eine Stellage, die in der Viehhaltung verwendet wird, um Rinder bei Untersuchungen und Ähnlichem zu fixieren. Zwischenzeitlich gibt der Markt eine Reihe von entsprechenden Utensilien her, vorwiegend Decken oder Jacken, die mit Sand gefüllt sind. Auch Fenna hat zwei solche Decken mit je acht und sechs Kilo. Eine dritte Decke, die ein Gewicht von gut 25 k haben soll, ist in der Anfertigung. Im Kontakt mit anderen Autisten erzählte eine Frau, dass sie sich gerne stapelweise Bücher auf eine Decke legte, um diese mit Gewicht zu beschweren. Eltern berichteten außerdem, dass ihr autistisches Kind irgendwann eine Umarmung ablehnte, aber den Wunsch äußerte, dass Vater oder Mutter sich mit dem kompletten Körpergewicht auf das Kind lege. Wieder andere Eltern beschreiben, dass sie ihr Kind häufiger zwischen Lattenrost und Matratze des Bettes vorfanden. Der gleichmäßige Druck auf den Körper, so wird übereinstimmend beschrieben, sorge für eine Entspannung und Beruhigung.

Auch im Bereich von Geschmack und Geruch haben Personen mit einer Autismus-Spektrum-Störung oft eine auffällige Wahrnehmung. So bevorzugen sie beispielsweise ein bestimmtes Lebensmittel, das sie teils über Jahre und ausschließlich zu sich nehmen. Nicole Schuster, die wie viele Frauen mit Autismus erst im Erwachsenenalter eine Diagnose erhielt, ernährte sich beispielsweise über Jahre nahezu ausschließlich von gekochtem Wirsing (Schuster 2007). Die von Fenna beschrieben Präferenz für Lebensmittel vorwiegend grüner Farbe gehen in eine ähnliche Richtung. Gravierend ist hier gerade bei noch nicht diagnostizierten Autisten, dass diese rigiden

Essgewohnheiten eher an eine Essstörung oder zwanghaftes Verhalten denn an Autismus denken lassen. Im schlimmsten Fall werden die betreffenden Personen dann in Kliniken und mit Psychopharmaka behandelt, und das dann ohne Erfolg.

Tony Attwood vermutet, dass bei dieser Überempfindlichkeit gegenüber bestimmten Lebensmitteln nicht nur Geschmack oder Konsistenz, sondern durchaus auch die Sensorik eine Rolle spiele und so bestimmte Lebensmittel bereits den Würgereflex auslösen könnten (Attwood 2012, S. 336).

Auch in Bezug auf Gerüche können für nicht-autistische Menschen wohlriechende Dinge wie Parfüms von Personen mit Autismus als unangenehm empfunden werden. Umgekehrt hat der empfindliche Geruchssinn auch durchaus seine Vorteile, können damit doch beispielsweise schon leicht verdorbene Speisen bereits am Geruch identifiziert werden, während nicht-autistische Menschen hier noch keinen besonderen olfaktorischen Eindruck haben (ebd., S. 337).

„Autistische Kinder haben Schwierigkeiten, taktile Reize zu lokalisieren, und sie wissen nicht, wo ihre Hände sind, sobald sie sie nicht mehr sehen können. Sie haben große Schwierigkeiten, ihre Bewegungen zu planen, wenn sie eine ungewohnte Körperposition einnehmen sollen, die ihnen die Testleiterin vormacht."

3.3 Zwischengedanken

Fenna
Ich bin wach. Unruhig. Unsicher. Zu müde, um klar zu denken. Zu viele Fragen geistern durch meinen Kopf, Fragen, die ich mir nicht stellen will. Was davon ist

wichtig, was unwichtig. Überhaupt: ist es richtig, was ich gerade mache?

Herr Armona ist nett. Verwirrend, aber trotzdem nett. Ich weiß nur nicht, ob es echt ist. Seine Fragen bringen Unruhe in eine Zeit, die noch nicht ruhig ist. Und ich weiß nicht, ob ich es zulassen kann und will – was die Frage aufwirft, ob er jemand sein könnte, dem man „vertrauen" kann. Ich merke, dass Dinge in Gang gesetzt werden, die viel zu lange still stehen mussten. Oder sollten? Aber ist es das überhaupt wert? Sollte ich die Dinge nicht so lassen, wie sie sind? Mich noch mehr bemühen, mich anzupassen, „richtig" zu sein – so, wie andere Menschen auch. Einfach „normal".

Herr Armona
Ich mag den Begriff „Autismus" nicht. Er sagt im Grunde nichts über den Menschen aus, der damit in Verbindung gebracht wird. Genauso wie bei ADHS spreche ich dabei ungerne von Störung oder Krankheit. Ich spreche so oft es geht von „der Vielseitigkeit des menschlichen Daseins".

Diese individuelle Variante im Spektrum der menschlichen Vielfalt als solche therapieren zu wollen – in welcher Form auch immer – erscheint mir zunächst als Verletzung der persönlichen Integrität. Letztlich zu sagen, so wie du bist, bist du nicht richtig, ist nicht meine Sache. Eine Abwägung der Balance zwischen systemischen Interventionen und möglicherweise sinnvollen Individuen-zentrierten Interventionen, unter anderem auch abhängig von den Begleiterscheinungen, erscheinen mir ratsam.

Fenna
Ich bin wieder dabei, die Dinge zu zerdenken. Im Kopf hin und her zu schieben, zu drehen und zu wenden und doch nicht voran zu kommen. Menschen sind seltsam. Sie sagen oft Dinge, meinen sie aber anders. Oder sie

sagen oft Dinge und behaupten, sie zu meinen, obwohl es eigentlich nicht stimmt. Ich weiß nicht, wie oft ich darauf herein gefallen bin. Auf vermeintlich nette Menschen, die mich angeblich nicht seltsam fanden – und sich mit anderen über mich lustig machten, wenn ich den Raum verließ. Die Informationen von mir wollten, nur, um diese nachher gegen mich zu verwenden. Nachher, wenn es nicht mehr genug war, sich insgeheim Dinge, die ich sagte, lustig zu machen.

Ich bin vorsichtig geworden. Und trotzdem passiert es mir immer wieder, dass ich darauf hereinfalle. Ich passe auf, was ich sage. Wann ich es sage. Ob ich es überhaupt preisgebe. Ich mag diese imaginäre Glaswand zwischen mir und den anderen Menschen nicht, dieses „Ich-im-Aquarium". Gleichzeitig aber ist es mein Schutz. Die wenigsten kommen nahe genug heran, um hinter das Glas zu schauen. Die wenigsten wollen nahe genug heran. Nur – wenn sie es schaffen, können sie mir wehtun.

Ich traue ihm nicht. Auch wenn ich es gerne täte.

Herr Armona
Ihre Wahrnehmung unterscheidet sich offenbar extrem von meiner Art und Weise, die umgebende Welt wahrzunehmen. Aber wie nimmt sie die Welt wahr? Kann ich ihr überhaupt helfen, ohne ihre Sicht auf die Dinge zumindest ansatzweise zu verstehen? Wenn ja, welche Form von Hilfe ist letztlich wirklich eine Hilfe für sie? Was war bisher eine Hilfe für sie? Auch diese Frage sollte geklärt werden.

Ich bin kein Autismus-Spezialist. Eher ein allgemeiner Sozialpsychologe und Kommunikationswissenschaftler. Ich unterstütze und helfe bei den vielfältigsten Anliegen. Falls ich nicht oder nicht mehr helfen kann, dann verweise ich an andere Fachleute. Ich überlege, ob ich sie an ein Autismus-Zentrum oder eine andere Fach-Institution verweisen soll. Und ich habe den Eindruck, dass die Reisen dorthin in der hiesigen Region, die

Untersuchungen und weiteren Fragen eine zusätzliche Belastung für sie wären. Kurz: kontraproduktiv.

Ich entschließe mich, mit weiteren Fachleuten und Institutionen noch zu warten. Noch mehr zu erfahren.

Ihre Familie scheint mir ein wichtiger Weg zu sein. Doch sie möchte noch nicht, dass ich mit ihr nahestehenden Personen Kontakt aufnehme. Warum nur? Gründe wird es mit Sicherheit geben, aber so muss ich nun auf vielleicht wichtige Informationen verzichten. Vielleicht ändert sie irgendwann diese Meinung. Ich bleibe hartnäckig bei dieser Frage.

Fenna

Ich bin weiter unsicher. Normalerweise würde ich die Dinge auf sich beruhen lassen. Aber vielleicht lohnt es sich doch? Und was, wenn nicht? Was, wenn das alles ein einziger großer Reinfall wird? Und ich nachher vielleicht nicht nur keinen Schritt weiter, sondern sogar Schritte zurückgehen muss?

Ich weiß nicht genau, was es ist. Neugier? Irgendwas ist da. Irgendwas, was es mir nicht ermöglicht, das zu tun, was ich sonst machen würde: Die Sache abbrechen, schweigend warten, dass es sich im Sand verläuft.

Vielleicht ist es wirklich Neugier. Eine vorsichtige Neugier – eine, bei der man nicht aus der Ferne beobachten kann, sondern mitten im Geschehen ist. Ich beobachte lieber.

Ich beschließe, noch nicht den Rückzug anzutreten. Vorerst. Ich merke, dass mich all das so sehr beschäftigt, vielleicht ist es sogar zielführend. Dass dafür Vertrauen notwendig ist, ist mir klar. Und dass genau das ein Punkt ist, der mir extrem schwer fällt. Ich verlasse mich lieber auf mich. Das ist sicherer, einfacher, berechenbarer. Andere Menschen bringen nur Unordnung, machen die Dinge konfuser, komplizierter und basteln Probleme, wo gar keine sind.

Ich kann nicht mehr sagen, inwiefern ich die Dinge noch klar sehe. Vielleicht braucht es wirklich jemanden, der einen anderen, neutralen Blick hat. Und der die Differenzen in meiner Wahrnehmung klar und ohne Urteile benennen kann.

Wenn ich lernen will, dass ich nicht immer berechnen kann, wohin ein Weg führt, dann sollte ich hier vielleicht anfangen. Auch wenn ich meine Zweifel habe – andere würden es vielleicht eher Angst nennen.

Ich bleibe dran. Vorerst.

Herr Armona
Ich werde weiterhin geduldig mit den Informationen auskommen müssen, die sie mir gibt. Und das ist auch gut so. Den Takt soll sie bestimmen. Ich beschließe, ihr gleichzeitig zu sagen, dass, egal welchen Weg sie mit mir einschlagen möchte, ich sie unterstützend begleiten werde, so gut ich das kann, und solange sie das möchte. Es ist nicht unbedingt ihre Aufgabe, mir Dinge zu erklären und plausibel zu machen oder Informationen nicht vorzuenthalten. Es ist vielmehr meine Aufgabe, so gut es geht vertrauensvoll und tatsächlich helfend da zu sein.

3.4 Briefe

Hallo Herr Armona,

ich bin nun nicht sicher, ob das hier das ist, was Sie sich vorstellten oder gedacht haben, als Sie meinten, dass ich schreiben solle. Auf Ihr „Danke" aus der letzten Email lässt sich schlecht reagieren. Oder war das Absicht?

Ich hatte jedoch den Eindruck, dass ich Ihre Frage nach dem, was ich mit „aus den Fugen geraten" meine, nicht

3 Die zweite Sitzung

so beantwortet habe, dass damit etwas anzufangen ist. Mir erscheint der Punkt jedoch relevant, schließlich war das mit einer der Hauptaspekte, der mich dazu bewogen hat, nach jemandem zu suchen, der Dinge vielleicht klarer oder einfacher sieht als ich.

Schon früher hatte ich das Gefühl, dass einige Dinge deswegen aus den Fugen geraten sind, weil sie nicht mehr richtig waren. Das vergangene Jahr war anstrengend, denn es hat nichts so funktioniert, wie ich es geplant hatte. Wobei auch die Jahre davor anstrengend waren, allerdings fehlte da die Müdigkeit. Ich bin nicht sicher, ob „Müdigkeit" das richtige Wort ist. Wer müde ist, schläft viel. Aber das Gegenteil war der Fall. Trotzdem fällt mir kein anderes Wort ein, das den Zustand besser beschreibt.

Mir wird immer wieder gesagt, dass ich nicht recht zu anderen Menschen zu „passen" scheine. Nicht, dass mir das nicht schon selbst aufgefallen wäre. Während andere Menschen zum Beispiel Ausflüge oder Schulungen in fremden Städten genossen, war ich schon Wochen vorher nervös. Fremde Städte, fremde Hotels, fremde Menschen nicht wirklich meine Stärke. Am schlimmsten war Berlin. Die Stadt ist zu groß, zu laut, zu schmutzig, zu voll. Und die anderen Schulungs-Teilnehmer führten mir permanent vor Augen, was ich nicht bin. Wenn ich dann Bilder dieser Schulungen oder Fahrten sehe, habe ich den Eindruck, dass diese ganzen Bilder aus einer anderen Welt stammen, zu der ich keinen Zugang habe. Ich kann es nur schwer beschreiben. Auf jeden Fall hat es dazu geführt, dass ich mir die Bilder nicht mehr angesehen habe (in der Situation würde ich den Begriff „Einsamkeit" wählen, nachdem Sie in der vergangenen Sitzung fragten).

Vor einigen Monaten wurde ich dann krank, vollkommen unvermittelt tauchte bei mir eine Autoimmunerkrankung auf. Die Situation hatte sich schnell so weit verschlimmert, dass ich einem Klinikaufenthalt nicht mehr ausweichen konnte. Mich hat dort dieses ständige Gewusel, das permanente Angefasst-Werden und die zehn verschiedenen Medikamente schlicht wahnsinnig gemacht.

Auch nach meiner Entlassung wurde es nicht besser, bis meine Ärzte schließlich auf ein starkes Medikament zurückgriffen. So ließ sich die Krankheit dann zumindest einigermaßen im Griff halten. Zu dem Zeitpunkt hätte ich eigentlich längst mit meiner Abschlussarbeit beginnen sollen. Stattdessen geriet ich nicht nur mit der Arbeit, sondern auch mit Klausuren, Prüfungen und Hausarbeiten in Verzug. Der anstehende Wechsel vom Studium zum Beruf, die dafür ausstehenden Planungen, der Wegzug aus „meiner" Wohnung und der Verlust jeder Zielvorstellung waren ebenfalls schwierig. Alles, was ich bislang gemacht habe, hatte ein Ziel. Das Studium begann ich mit dem Ziel, einen Abschluss zu bekommen. Die Schulzeit hatte als Ziel das Abitur. Aber jetzt?

Und über allem stand und steht die Frage, ob ich jemals verstehe oder nachvollziehe, was es heißt, Teil von allem zu sein. Denn irgendwie bleibe ich ja doch immer außen vor, bin nur Beobachter durch eine Glasscheibe. Ich meinte, dass das zeitlich nicht mehr zu schaffen ist. Ich überlegte kurzzeitig, die Stelle zu kündigen oder das Studium abzubrechen. Weil ich aber nicht wusste, was davon der richtige Weg wäre, habe ich beides nicht getan. Und über all dem hing permanent diese „Müdigkeit".

Ich machte das, was und wie ich es immer tat, zugleich kam ich aber nicht voran. Selbst meine Familie glaubte irgendwann, dass mein Pensum nicht mehr zu schaffen sei. Drei Wochen vor Abgabetermin begann ich mit meiner Abschlussarbeit. Einen Tag vor dem Abgabetermin war ich damit fertig. Es war ziemlich knapp und bis zum Schluss war ich eigentlich sicher, dass ich es nicht schaffen kann. Dazu kamen und kommen Bedenken, ob das alles im Beruf so klappt, wie ich es mir vor einem

Jahr gedacht habe. Wenn die Stimmung irgendwann in Ablehnung umschlagen sollte, bin ich genau so weit wie vorher. Und dann ist es nur eine Frage der Zeit, bis ich entweder gebeten werde zu gehen oder freiwillig gehe, weil ich es Leid bin. Ich würde gerne irgendwo bleiben können. Ohne den Eindruck zu haben, die Dinge nicht mehr kontrollieren zu können.

Ich bin unschlüssig, ob ich es deutlich machen konnte, was ich damit meine. Es ist nicht zeitlich auf das vergangene Jahr begrenzt, dennoch war das für mich die Zeit, in der mir klar wurde, dass es so, wie es ist, nicht weitergehen kann. Aktuell fange ich wieder relativ weit vorne an, muss mich neu strukturieren. Das klappt noch nicht so, wie ich das gerne hätte. Aber diesmal möchte ich eben eingreifen, bevor die Dinge ein „Eigenleben" zu entwickeln scheinen und unvorhersehbar werden. Der korrekte und angemessene Umgang mit anderen Menschen gehört dabei wohl dazu. Das war jetzt mehr, als ich schreiben wollte. Falls es zu viel oder unangemessen ist, geben Sie mir doch bitte eine Rückmeldung.

Mit lieben Grüßen
Fenna

Hallo Fenna,
menschliche Kommunikation ist permanent von Unsicherheit geprägt, hundertprozentiges Verstehen kann nicht überprüft werden, dafür wären weitere Kommunikationsprozesse nötig, die ebenfalls dann wieder überprüft werden müssten und so weiter und so weiter.

Ja, ich habe diese Unsicherheit bewusst provoziert, und Sie haben sehr gut reagiert.

Ich kann gut nachvollziehen, was Sie durchgemacht haben und aktuell auch noch durchmachen. Sie vollbringen Tag für Tag Höchstleistungen, die irgendwann Ihren Körper auslaugen. Die zentralen Probleme, die Sie ständig bewältigen müssen, werden mir von Mail zu Mail klarer. Sie haben zahlreiche Punkte angesprochen, die ich gerne alle wieder mit Ihnen Schritt für Schritt durchgehen möchte.

Haben Sie aktuell neben der Tätigkeit im Beruf noch andere Aufgaben zu erledigen? Zum Beispiel für Ihr Studium? Gibt es noch weitere Schulungen?

Sie baten um Rückmeldung, ob Ihre Emails unangemessen seien: Ich empfinde unseren Kontakt und vor allem Ihr Verhalten inklusive der Emails als angemessen und sehr zielführend. Ein Grund dafür, warum ich das so beurteilen kann, ist mein zunehmendes Wissen über Ihre „besondere" Wahrnehmungsfähigkeit. Ich stelle Ihre Gedanken und Reaktionen dieser besonderen Wahrnehmungssituation in Rechnung. Dadurch macht ihr Verhalten für mich wieder einen ganz konkreten Sinn und ist verständlich.

Ich sehe für Sie einige Perspektiven und Ziele. Denke aber auch, dass Sie zurzeit an einem kritischen Punkt sind, gerade in Bezug auf die Sicherung des Arbeitsplatzes und Ihres körperlichen Gesundheitszustandes. Diese Themen müssen wir sehr bald angehen.

Ich habe noch weitere Fragen, die ich jetzt aber aus Zeitgründen nicht formulieren kann. Ich werde also wohl noch weitere Emails schreiben.

Liebe Grüße
Herr Armona

Hallo Fenna,
Für die kommende Woche interessieren mich noch die folgenden Fragen:

1. *Ihre Fixpunkte (zum Beispiel die Muschel) werden vermutlich von Ihnen deswegen mit Ihren Augen fokussiert, um Ordnung und Struktur in die permanent „feuernden" visuellen Reize zu bekommen, um letztlich Ressourcen für die akustischen Reize und die Matrix freischaufeln zu können. Ist das ansatzweise richtig beschrieben?*

2. *Könnte der Fixpunkt auch ein beweglicher Punkt sein? Zum Beispiel ein Hemdkragen, der sich durch die Bewegungen seines Trägers gelegentlich bewegt? Oder sogar ein Ohr? Eine getragene Brille? (Diese Fragen sind wirklich ernst gemeint)*
3. *Als Sie mir Ihr Handy gegeben haben, haben Sie dabei meine Hände angeschaut? (ähnlich wie bei meinem abgerissenen Schnürsenkel?) Falls ja, können Sie meine Hände noch beschreiben?*
4. *Wie viele Stunden schlafen Sie täglich?*
5. *Träumen Sie? Falls ja, haben Sie ein Beispiel? (interessant wäre eine eventuelle akustische, visuelle oder sonstige Fokussierung)*
6. *Ist die Nahrungsaufnahme für Sie gelegentlich ein Genuss oder eine lästige Notwendigkeit?*
7. *Kennen bzw. verwenden Sie Smileys?*
8. *Können Sie beschreiben, wie sich die Müdigkeit anfühlt, also konkrete Körperempfindungen?*
9. *Gibt es für Sie Entspannungstechniken, kommen Sie im Wachzustand „zur Ruhe"?*
10. *Die zehnte Frage habe ich wieder gelöscht, die bewahre ich besser für die kommende Woche auf…*

Liebe Grüße
Herr Armona

Hallo Herr Armona,
Zu Ihren Fragen habe ich folgende Antworten:

1. Meine Fixpunkte haben eine doppelte Funktion. Zum einen sind sie in noch recht unbekannten Räumen ein fester Bezugspunkt, der bleibt und mir vertraut ist. Je besser ich einen Raum kenne desto mehr dieser Fixpunkte habe ich. Es ist für mich eine Form der Orientierung, anhand dieser Punkte merke ich mir auch ganze Wege. Das funktioniert zumindest so

lange, bis einer dieser Fixpunkte verschwindet. Für bestimmte Wege, von denen ich weiß, dass sich deren Umgebung häufig verändert, habe ich mir daher ein System der „falschen Fixpunkte" angelegt: wenn eine bestimmte Wegmarke auftaucht, weiß ich, dass ich zu weit bin und umkehren muss. Aus irgendeinem Grund fällt es mir jedoch schwerer, „falsche Fixpunkte" zu definieren, lieber ist es mir, wenn ich klar weiß, wo ich bin.

Betrete ich also einen mir bekannten Raum, kann ich ihn anhand dieser Punkte recht schnell einordnen, sofern ich ihn bereits kenne. Anhand dieser Punkte ziehe ich dann auch den kompletten Raum auf, ich erfasse also zuerst einen dieser mir bekannten Punkte und kann von dort ausgehend den weiteren Raum „sehen". Ich glaube, das klang jetzt komplizierter, als es ist.

Und ja, bei kommunikativen Situationen hilft mir das, mich auf das Gespräch zu konzentrieren, zumindest bis zu einem gewissen Punkt. Ich „verliere" diese Punkte jedoch, wenn zu viele Geräusche oder störende Lichteffekte um mich herum sind. Dann kann ich allerdings auch dem Gespräch nur noch sehr schwer bis gar nicht mehr folgen. Im schlimmsten Fall bekomme ich die diversen Sinneseindrücke gar nicht mehr sortiert, das sind dann Situationen, die ich sehr abrupt verlasse.

Das, was ich als „Matrix" bezeichne, ist eine Art „Übersetzungsmodul". Ich versuche, es an einem Beispiel deutlich zu machen: Wenn mich jemand fragt, ob ich weiß, wie spät es ist, würde ich, je nachdem, ob ich vorher auf eine Uhr gesehen habe, mit „Ja" oder „Nein" antworten. In genau diesem Moment schaltet sich die Matrix ein und analysiert die Frage: „Wissen Sie, wie spät es ist?" nach doppelten Bedeutungen. Ich muss mir in dem Moment die Frage stellen, ob die Person von mir wissen möchte, ob ich weiß, wie spät es ist (wovon ich eigentlich ausgehen würde) oder ob dies eine indirekte Aufforderung (was paradox ist, weil eine Frage eigentlich keine Aufforderung impliziert) ist, die Uhrzeit zu nennen. Unter Umständen muss ich den Schritt noch weiter aufschlüsseln, denn ich weiß vielleicht wirklich nicht, wie spät es ist (müsste demnach formal mit „Nein" antworten), trage aber eine Armbanduhr. Damit beinhaltet die formale Frage implizit nicht nur die Aufforderung, die Uhrzeit zu nennen, sondern auch die der Nennung vorgeschaltete Aufforderung, auf meine Uhr zu sehen, die Uhrzeit für mich in Erfahrung zu bringen (dann weiß ich sie, müsste also mit „Ja" antworten) und sie anschließend zu nennen. Bei dem bekannten Spiel „Wissen Sie, wie spät es ist?" reagiert die Matrix recht schnell, weil die Situation zwischenzeitlich bekannt ist. Kniffelig wird es, wenn unbekannte Faktoren ins Spiel kommen. Auch hier ein Beispiel: Mir waren bislang keine Supermärkte geläufig, in denen man selbst Obst abwiegen muss. Vor einigen Wochen stand ich hier in einem Laden und entdeckte über dem Obst und Gemüse das Schild: „Bitte wiegen Sie die Ware ab". Das ist wieder der Moment, in dem die Matrix aktiv wird. Aus der Tatsache, dass über der jeweiligen Ware in aller Regel der Preis steht, wurde dann abgeleitet, dass sich das Abwiegen der Ware ebenfalls nur auf die Ware bezieht, über der die Aufforderung steht also dem jeweiligen Obst oder Gemüse. Aller Wahrscheinlichkeit kann damit nicht gemeint sein, alle Waren, die man einkaufen möchte, abzuwiegen. Gleichzeitig fragte ich mich, welchen Sinn es haben könnte, die Waren abzuwiegen. Ich nehme es zwar gern genau, möchte aber in aller Regel nicht aufs Gramm wissen, wie viel jetzt in meiner Nudelpackung (die ja sowieso nicht gewogen werden muss) beinhaltet ist. Erst an der Kasse, als vor mir ein Kunde Gemüse kaufte, wurde mir klar, was es mit diesem Schild eigentlich auf sich hat: Es geht nicht darum, die Ware abzuwiegen. Der Vorgang des Wiegens ist nicht relevant, denn die Aufforderung: „Bitte wiegen Sie die Ware ab" heißt eigentlich: „Wiegen Sie die Ware ab, suchen Sie die passende Bezeichnung im Menü der Waage und etikettieren Sie die Ware anschließend korrekt." Im Umkehrschluss heißt das: Selbst, wenn Sie die Ware abwiegen (also der Aufforderung des Schildes Genüge tun), haben Sie nicht korrekt gehandelt, denn von Relevanz ist das Etikett.

Inwiefern meine Fixpunkte die „Ressourcen" für die Arbeit meiner Matrix freischalten, kann ich so pauschal jedoch nicht beantworten. Sicher ist es so, dass ich bei zu viel Gewusel um mich herum mich weder auf meine Fixpunkte noch auf eine korrekte und schnelle Arbeit meiner Matrix verlassen kann.

2. Ihr Schuh und der damit verbundene Schnürsenkel ist ein beweglicher Punkt. Allerdings haben bewegliche Fixpunkte auch ihre Tücken, denn sie können meine Aufmerksamkeit auch komplett absorbieren. Besonders gefährlich ist das bei Gegenständen, die sich drehen, da muss ich mich zwingen, nicht hinzusehen, denn dann bekomme ich gar nichts mehr mit.

Was Ohr oder Brille angeht, meine ich zu wissen, worauf Sie hinauswollen. Es gab Menschen, die versucht haben, mich dazu zu bringen, ihr beim Gespräch zumindest auf die Nasenspitze zu schauen, um so wenigstens die Illusion eines Blickkontaktes zu schaffen. Die Punkte, die mich im Raum anziehen, haben jedoch meist einen besonderen Reiz, weswegen ich sie auch als Fixpunkte wählen und nutzen kann. Die Muschel im Glas auf Ihrer Fensterbank hinter Ihrem Schreibtisch ist zum Beispiel gedreht, ich mag diese Muschelform sehr. Das Verhältnis der einzelnen „Muschelringe" entspricht einem mathematischen Zahlenverhältnis, da übrigens sehr häufig in der Natur zu finden ist. Im Fall der Muschel kann man dieses Zahlenverhältnis aber von vorneherein „sehen". Das wiederum macht die Muschel als Fixpunkt für mich interessant, sie ist etwas, worüber ich nicht nachdenken, mich nicht darauf konzentrieren muss. Ich weiß nicht, ob es dauerhaft möglich wäre, mich auf eine Brille zu fixieren. Im Fall der Nasenspitze war es so, dass ich nicht mehr mitbekommen habe, was sie eigentlich sagte, weil ich so damit beschäftigt war, ihre Nase nicht „zu verlieren".

3. Als ich Ihnen mein Handy gab, war ich mehr darauf konzentriert, wie ich Ihnen das Gerät übergeben kann, ohne Ihre Hände zu berühren. Da Sie das Handy mit beiden Händen entgegen genommen haben, ist mir das allerdings nicht gelungen. Zusätzlich bin ich niemand, der gerne Dinge aus der Hand gibt – wahrscheinlich, weil ich sie dann nicht mehr direkt unter Kontrolle habe und nicht klar bestimmen kann, was als Nächstes kommt oder ob mit diesen Dingen „richtig" verfahren wird. Ich habe bei vielen Dingen ein System oder eine für mich durchaus logische Ordnung, die ich als schön empfinde und die mir zudem hilft, meine Sachen wieder zu finden. Wenn andere Leute da dann etwas verändern, verliere ich Zeit, weil ich die Dinge entweder wieder ordnen muss oder aber Teile suchen muss. Zurückgegeben haben Sie mir das Handy übrigens mit nur einer Hand, da war es dann einfacher, eine Berührung zu umgehen.

4. Ich habe keinen „festen" Schlafrhythmus, scheint mir. Pro Nacht komme ich auf einige Stunden, bin dazwischen aber mehrfach wach. Es gibt zudem Nächte, in denen ich gar nicht schlafe. Eine Nacht

ohne Schlaf kann ich kompensieren, bei zwei und mehr merke ich doch erhebliche Einbußen im Tagesablauf.

5. Ja, ich träume. Vorrangig akustisch, wobei ich das, was ich höre, meist auch einer konkreten Situation zuordnen kann, dem also im Nachhinein „Bilder" geben kann. Es gibt aber auch immer mal wieder Träume mit visuellen Eindrücken, wobei mir dann auch meist klar ist, dass ich träume. Und Träume mit einer Art „Nicht-Sicht" ich nehme akustische Reize wahr und mir ist in dem Moment bewusst, dass ich nicht sehe, aber es gelingt mir nicht, die Augen zu öffnen. Diese Nicht-Sicht ist zudem gekoppelt an irgendwelche Wendeltreppen, die ich nach oben muss oder wenn ich durch sehr enge Passagen hindurch soll. Allerdings habe ich immer wieder Phasen, bei denen irgendetwas in der Schlaf-Regulation „stottert". Dann setzt die eigentlich für die REM-Phase typische Paralyse ein, ich bin aber eigentlich noch wach. Seit ich weiß, was da genau passiert, habe ich mich einigermaßen daran gewöhnt. Vorher habe ich immer versucht, den Zustand aktiv aufzuheben, indem ich einen Finger bewege (was in dem Fall wirklich Schwerstarbeit ist), zwischenzeitlich warte ich einfach ab.

6. Ziemlich eindeutig eine Notwendigkeit. Ich mag bestimmte Lebensmittel mehr als andere, aber ich bin nicht so „verrückt" danach wie andere es scheinen.

7. Ja, ich kenne Smileys. Und nein, ich verwende sie selten. Ich habe es mal mit der Verwendung von Smileys versucht, diese aber eher nach „Gefällt mir" Kriterien ausgewählt. Das hat dann in der schriftlichen Kommunikation zu Irritationen geführt, weil der Smiley eine Bedeutung hatte, die mir nicht ersichtlich war und ich ihn demnach falsch verwendet habe.

Daher bin ich dazu übergegangen, die meiste Zeit gar keine mehr zu verwenden.

8. Ich weiß nicht, wie man Müdigkeit beschreiben kann. Ich merke dann, dass ich leicht irritierbar bin, mich wahnsinnig viele Dinge in meinem Umfeld stören und auch schneller als sonst überfordern. Außerdem reagiere ich dann sehr empfindlich darauf, wenn Planungen nicht funktionieren. Es ist ambivalent einerseits halte ich dann extrem an meinen Plänen fest, weil mich ein Abweichen ganz aus dem Konzept bringt, gleichzeitig habe ich aber eigentlich gerade nicht das Bedürfnis, das zu tun, was ich mache. Dinge außer der Reihe kann ich dann nicht machen.
9. Was meinen Sie damit? Ich habe keine „Techniken", wüsste aber auch nicht, was Sie konkret damit meinen könnten.
10. Wenn Sie die Frage gelöscht haben, warum schreiben Sie dann auf, dass Sie sie gelöscht haben?

Liebe Grüße
Fenna

Hallo Fenna,
es sind nicht so viele Fragen. Ich will Sie auch nicht zu sehr von Ihren anderen Dingen abhalten.

1. *Beschreiben Sie drei Probleme der letzten Wochen bei der Ausführung Ihrer Arbeit (Schwerpunkt soziale Interaktion)*
2. *Beschreiben Sie, wie Sie sehen, wie Sie also die Welt visuell wahrnehmen*
3. *Ich glaube, Sie hatten es schon erwähnt. Sie fotografieren gerne. Wie gehen Sie vor, um den Bildaufbau und den richtigen Moment abschätzen zu können, wenn Menschen das Motiv sind?*
4. *Wenn über Nacht ein Wunder geschehen würde, und Ihre Probleme plötzlich größtenteils behoben wären, woran würden Sie das am nächsten Tag feststellen?*

5. *Wenn alle Menschen so wären wie Sie, wie wäre dann die soziale Interaktion auf unserem Planeten. (Hierzu könnte man vermutlich einen ganzen Roman schreiben. Vielleicht beschreiben Sie einfach nur die Dinge, die Ihnen ganz spontan zuerst einfallen).*

Mich hat übrigens ein Anflug von Ordnungsliebe getroffen, ich habe aufgeräumt. Nur das Regal ist noch unverändert. Ihre Muschel habe ich allerdings nicht einen Millimeter verschoben. Ich habe Ihnen auch neue Fixpunkte besorgt, damit Sie sich schnell wieder orientieren können.

Zudem wird gerade ein Windfang im Flur gebaut, also nicht erschrecken, wenn Sie Mittwoch das Haus betreten (helfen Ihnen solche Ankündigungen zur Vorbereitung?).

Waren Sie schon einmal an der Küste? Ich könnte mir vorstellen, dass die Strände Ihnen sehr gefallen würden: so gut wie keine Menschen, eine ganz klare, waagerechte Horizontlinie. Natürliche Farben, natürliche Struktur (Wasser, Strand, Dünen). Keine Hindernisse, vor die man laufen könnte oder denen man aus dem Weg gehen muss. Und vor allem: klare, saubere Luft. Wenn es einen Ort gibt, der das Gegenteil einer Großstadt sein könnte, dann wäre es aus meiner Sicht einer dieser Strände.
Liebe Grüße
Herr Armona

Hallo Herr Armona,
Sie halten mich nicht von anderen Dingen ab. Im Moment muss ich täglich arbeiten und kann dann nicht auf andere Inhalte „umschalten". Ich hoffe, dass ich bald einen freien Tag habe und dann wenigstens die Hausarbeit erledigen kann. Womit ich quasi schon bei der ersten Ihrer Fragen angekommen wäre.

3 Die zweite Sitzung

1. Ich weiß nicht, wie ich Aufträge und Aufgaben ablehnen kann. Die Organisation meiner Termine wird von mir selbst gemacht, dazu kommen dann Anfragen von Kollegen, ob ich Termine übernehmen kann, auch für Samstag und Sonntag (obwohl ich keine Wochenenddienste haben sollten). Teils tragen sie die Termine auch einfach ungefragt in meinen Kalender ein, wenn sie sehen, dass da noch nichts „offiziell" belegt ist, sagen aber nicht Bescheid, dass sie diese Termine bei mir eingetragen haben. Bislang habe ich das alles irgendwie geschafft, aber so muss ich permanent, auch sehr kurzfristig, umplanen.

Ein weiterer Punkt sind die in meinen Augen die eher belanglosen Gespräche auf den Fluren oder ganz schlimm in der Küche. Da treffen sich dann vier oder fünf Kollegen und reden darüber, was sie vergangenes Wochenende unternommen haben, wo der nächste Urlaub hingeht und warum sie sich darüber ärgern, dass ihre Kinder schon den vierten Fußball kaputt gemacht haben. Vor zwei Wochen hat jemand einen Kuchen mitgebracht, dann standen auf einmal alle am Konferenztisch. Ich wollte nichts von dem (grünen!) Kuchen und es war dort auch ziemlich laut, deswegen blieb ich von vornherein im Büro. Aber dauernd kam jemand rein, wollte mir entweder ein Kuchenstück bringen oder mich von der Arbeit abhalten. Das fällt wahrscheinlich in den Bereich der von Ihnen genannten „Sich-selbst-verorten-Gespräche", aber ich komme da sowohl von den Themen als auch von den Themenwechseln nicht mit, und ineffizient ist es obendrein. Manchmal taucht auch der eine oder andere Kollege in meinem Büro auf, um mir was zu erzählen oder Fragen zu stellen, die aber für die Arbeit an sich nicht relevant sind. Ich höre dann immer zu, aber meist passiert das, wenn ich die Leute am liebsten wegschicken würde, weil ich gerade etwas arbeiten muss. Oder irgendjemand klaut in meiner Abwesenheit meine Stifte. Ich weiß nicht, wie ich das sagen kann. Ich mag es schon nicht, wenn jemand an meinen Sachen ist, aber wenn dann auch noch Sachen verschwinden und ich sie dann jedes Mal neu organisieren muss, stört das den Ablauf doch erheblich.

Noch mit dazu gehört nun auch das Betriebsfest, das ansteht und bei dem ich dabei sein soll… da wird aktuell jeden Tag von gesprochen. Ich möchte dort auf keinen Fall hin, habe aber den Eindruck, dass ich fast keine Wahl habe.

2. Ich nehme an, Sie wollen nicht über das „Wie" des Sehvorgangs informiert werden, sondern über das „Was"? Ich habe den Eindruck allerdings keine Vergleichswerte dass ich genauer als andere Menschen sehe. Grundsätzlich sind trotz Brille meine Augen sehr gut, meine ursprüngliche Sehstärke lag bei 150 % und ist im Moment noch bei 130 %. Die Abnahme von 20 % hat mich jedoch sehr gestört, da ich für mein Empfinden ohne Brille zwischenzeitlich schlecht sehe. Außerdem ist die Brille ein Hilfsmittel, sie „rahmt" mein Blickfeld ein, daher wollte ich auch keine randlose Brille.

Wenn ich mit der Kamera arbeite, bekomme ich oft die Rückmeldung, dass ich Dinge sehe, die andere nicht wahrnehmen oder übersehen. Bestimmte Dinge sehe ich besonders gerne, klare Linien, regelmäßige Strukturen, fließende Bewegungen. Unregelmäßigkeiten oder Ungenauigkeiten fallen mir ziemlich schnell auf, teils schon direkt beim Betreten eines Raumes. Das kann eine Teppichfluse sein (wie vergangene Woche bei Ihnen auf dem Boden), ein Nagel in der Wand, ein Riss in der Deckenlampe und anderes. Und ich bekam während der Kameraausbildung gesagt, dass ich eine „ungewöhnliche

Perspektive" auf die Dinge hätte was auch immer damit gemeint ist.
3. Bei meinen eigenen Bildern kommen in der Regel keine Menschen vor. Ich fotografiere Menschen sehr ungern (es gibt genau ein Bild, auf dem ein Mensch zu sehen ist. Der ist mir reingelaufen und ich wollte es löschen, aber dann sah ich, dass die Person ausnahmsweise nicht stört). Für die Arbeit ist es nötig, aber da gehen meist Gruppenbilder. Ab und zu habe ich da mal einen Glückstreffer.
Wenn ich mit meiner Kamera unterwegs war, hatte ich kein konkretes Vorgehen. Ähnlich wie bei der Brille hat der Blick durch den Sucher meinen Blick begrenzt, das mochte ich. Ich nenne das immer „der Welt einen Rahmen geben" ich kann mich auf das, was ich im Sucher sehe, konzentrieren, was links und rechts davon ist, nehme ich durch die Kamera nicht mehr wahr. Bei der Bildeinrichtung gehe ich nach Gefühl. In dem Buch las ich einen Namen, der zu dem Gefühl „passt". Es wird dort als „Just Right" bezeichnet. Und genau das ist es. Ich kenne einige Dinge wie den goldenen Schnitt, aber das ist bei meinen Bildern nicht ausschlaggebend. Ich sehe das Bild und „weiß" in dem Moment, dass es so und nur so „richtig" ist.
4. Es gibt keine Wunder. Unabhängig davon kann ich aber auch nicht sagen, woran ich es merken würde. Ich sehe, dass viele Dinge bei anderen Menschen anders laufen als bei mir, aber ich weiß nicht, woran man merkt, dass es so richtig ist.
5. Auch das ist ein Beispiel, das unwahrscheinlich ist. Aber es gab mal während meiner Schulzeit jemanden, der vielleicht dem nahe kam, was man als „Freundin" bezeichnet. Wir galten beide als seltsam, waren beide Außenseiter und interessierten uns beide für Star Trek. Es gab keine dieser „Wir umarmen uns, weil

wir Freunde sind"-Szenen und keine inhaltsleeren Gespräche. Sie hatte ein neues Star-Trek-PC-Spiel, dann kam ich zu ihr und wir spielten es durch. Ich hatte ein neues Raumschiff, dann kam sie und schaute es sich an und wir erörterten, ob der Maßstab korrekt ist oder die Details angemessen ausgearbeitet sind. In den Schulpausen trafen wir uns immer an der gleichen Stelle und sprachen über die Star-Trek-Folge, die am Vortag gelaufen war. Wir entwickelten ein Spiel, eine von uns nannte eine Kennnummer (z. B. 74656) und die andere musste dann sagen, welcher Raumschifftyp das ist und wie das Schiff heißt (Intrepid Klasse, U.S.S. Voyager) Es war einfach, klar und strukturiert.

Wenn es nichts zu sagen gab, sagten wir nichts. Und vor allem gab es nie diese Missverständnisse, weil jemand Dinge verstand, die nie gesagt worden waren. Wir kannten uns insgesamt zwei Jahre, dann verließ sie die Schule und der Kontakt brach ab.

Ja, es hilft mir, wenn ich solche Dinge vorab weiß. Gerade Bauarbeiten machen mich generell nervös, sie sind mit Veränderungen, Staub und vor allem Lärm verbunden.

Ich war bislang einmal auf einer Insel, habe das aber als extrem voll in Erinnerung. Bis zur Ostseite kam ich dann wohl gar nicht, die Strände, die ich sah, waren voll mit Menschen.

Vielleicht sollte ich noch mal einen Versuch wagen, denn grundsätzlich mag ich die See. Vor sieben Jahren war ich auf einer Hallig, kurz nach meiner Ankunft gab es einen heftigen Sturm und dann ein Land Unter. Ich mag die Weite, den Blick bis zum Horizont, die Dünenlandschaft, den Wind, das Salz in der Luft, die Bewegung des Wassers, das Sonnenlicht, das sich dort spiegelt, die Muscheln, die Seehunde, die Leuchttürme, die Deiche, die

Schafe, die Möwen (vor allem ihren Flug bei Sturm), die Art, wie die Wellen brechen, das Sammeln der Zugvögel und auch das vermeintlich „Karge". Aber ich mag auch den Sturm, wenn es kalt und windig wird, wenn die See sich nicht bändigen lässt, wenn die Gewitterwolken aufziehen und es in Strömen regnet.

Wenn es mir bislang zu laut vor Menschen geworden ist, bin ich meist Richtung Leuchtturm gefahren, dort sind ab dem beginnenden Herbst weniger Menschen als in den Orten und ich habe meine Ruhe. Aber vielleicht war ich bislang auch nur auf der „falschen Seite" der Insel.

Liebe Grüße

Fenna

Literatur

Asperger, H. (1943). *Die „autistischen Psychopathen" im Kindesalter*. Habilitationsschrift: Universitäts-Kinderklinik Wien.

Attwood, T. (2012). *Ein ganzes Leben mit dem Asperger-Syndrom* (2. Aufl.). Stuttgart: Trias.

Ayres, A. J. (2016). *Bausteine der kindlichen Entwicklung* (6. Aufl.). Heidelberg: Springer.

Grandin, T. (2012). Teaching tips from a recovered autistic. *Focus on Autistic Behaviour, 3*(1), 1–8.

Schuster, N. (2007). *Ein guter Tag ist ein Tag mit Wirsing*. Berlin: Weidler-Verlag.

van Elst, L. T. (2016). *Das Asperger-Syndrom im Erwachsenenalter und andere hochfunktionale Autismus-Spektrum-Störungenen* (2. Aufl.). Berlin: MWV.

Vogeley, K. (2016). *Anders sein. Autismus-Spektrum-Störungen im Erwachsenenalter* (2. Aufl.). Weinheim: Beltz.

# 4

Die dritte Sitzung

Fenna

Mein Parkplatz ist besetzt. Dahinter sind fünf Plätze frei, aber auf meinem steht ein Auto. Ich schaue auf die Uhr und bin froh, dass ich – wie immer – zu früh bin. Einen Moment halte ich Ausschau, ob ich vielleicht den Fahrer des Wagens auf meinem Parkplatz sehen kann. Nichts.

Noch mal ein Blick auf die Uhr – sicher ist sicher. Ich biege links ab, folge dem schmalen Weg, halte mich die nächste Abbiegung wieder links. Der Theorie nach müsste ich dann irgendwann wieder an dem Ort herauskommen, wo ich meine Rundfahrt gestartet habe. Ich habe nur nicht mit den verwinkelten Straßen gerechnet und bereits nach wenigen Metern die Orientierung verloren.

Blick auf die Uhr. Da, plötzlich, eine Wegmarke. Ich weiß wieder, wo ich bin. Biege erneut in die Straße vor der Praxis ein. Mein Parkplatz ist immer noch besetzt.

Blick auf die Uhr. Noch eine Runde um den Block. Der Wagen steht immer noch auf meinem Parkplatz.

© Springer-Verlag GmbH Deutschland, ein Teil von Springer Nature 2020
G. Kopp und K. Moser, *Eine Welt – zwei Wahrnehmungen*,
https://doi.org/10.1007/978-3-662-60694-0_4

Blick auf die Uhr. Eine weitere Runde schaffe ich nicht, dann komme ich zu spät. Und wenn der Parkplatz dann nicht frei ist? Ich muss mein Auto auf dem Parkplatz dahinter abstellen, mir bleibt nichts anderes übrig.

17:27 Uhr. Ich behalte die Straße im Blick, hoffe, dass der Fahrer des Wagens kommt. Dann könnte ich noch zurücksetzen und meinen Wagen dort abstellen, wo er die beiden vergangenen Wochen auch stand. Niemand kommt.

17:28 Uhr. Kein Mensch in Sicht. Der fremde Wagen bleibt auf meinem Parkplatz. Mein Wagen steht auf dem falschen. Aber es ist Zeit. Ich wäge ab. Zu spät kommen ist schlimmer als mein Auto auf dem falschen Parkplatz. Aber richtig wäre es, wenn ich pünktlich wäre UND mein Auto auf dem richtigen Platz steht.

Ich habe keine Wahl. Aussteigen. Abschließen. An der Beifahrertür einmal kontrollieren, ob der Schließmechanismus funktioniert. Die Straße überqueren, bis zum Haus. Noch mal ein Blick zurück. Vielleicht kommt der Fahrer doch noch? Nichts.

Punkt 17:30 Uhr drücke ich auf die Klingel, die blau blinkt. In Gedanken bin ich noch beim Parkplatz.

Herr Armona
Ich bin auf die Sitzung gespannt. Ich versuche meine Eindrücke und Fragen zu sortieren. Ihre Antworten möchte ich verstehen. Aber nicht jede einzelne ihrer Antworten isoliert verstehen, sondern das Gesamtbild. Nicht nur einige gern oder weniger gern gesehene Facetten, die vielleicht aus unterschiedlichen Gründen besonders hervortreten, sondern die gesamte Person als solche in ihrer Vielfalt und Komplexität verstehen. Es fällt mir schwer. Diesmal wird mir das besonders bewusst. Sonst denke ich nicht derart darüber nach. Ich habe fast den Eindruck, als wäre ich jetzt gleichermaßen fasziniert und überrascht von meiner eigenen Unfähigkeit,

von ihr einen Gesamteindruck zu erhalten. Und wenn es auch zunächst wenigstens nur ein vorläufiger Eindruck wäre. Aber es gelingt mir offenbar nicht. Vielleicht sehe ich sie bis jetzt genauso wie sie die Welt sieht: Nur einzelne Details, aber kein richtiges Gesamtbild.

Sie klingelt wieder pünktlich auf die Minute. Ich öffne, und das gleiche Ritual wie beim letzten Besuch startet. Allerdings weise ich erst noch auf die Baumaßnahmen im Flur hin. Eine Antwort bekomme ich darauf nicht wirklich. Ich bitte sie dann wieder in den Raum, ich bitte sie sich zu setzen, ich bitte sie, sich sicher und wohl zu fühlen. Sie blickt sich um. Ich habe wieder die mir bekannten Fixpunkte unberührt bzw. gut sichtbar für sie gelassen. Ich sehe, wie sie auf meine Schuhe blickt. Ich habe extra wieder das Paar angezogen, welches ihr besser gefallen hatte. Sie lächelt.

Fenna

Der Flur ist verändert. Ein Gerüst steht direkt hinter der Tür. Der neue Windfang – oder das, was davon bereits steht. Herr Armona hat davon geschrieben, darauf konnte ich mich einstellen. Nicht einstellen konnte ich mich darauf, dass mein Auto heute auf dem falschen Parkplatz stehen muss. Ich mag sowas nicht. Also suche ich Bekanntes.

Die Muschel ist da, im Glas, wo sie hingehört. Die Schachfiguren daneben. Der abgerissene Schnürsenkel, er hat wieder die anderen Schuhe an, aus der ersten Sitzung. Das Chaos im Regal – Chaos zwar, aber immerhin verlässlich Chaos. Er scheint kein System in den Büchern zu haben. Manche sind vertauscht, er muss sie herausgenommen und anders wieder eingestellt haben. Ein Teil der Bücher sind immer noch eingeschweißt. Ich finde das respektlos, wage aber nicht, es zu sagen. Jedes meiner Bücher hat seinen festen Platz im Regal. Sie sind ordentlich sortiert, ich kenne jedes einzelne und weiß genau, wo ich es finde. Und jedes meiner Bücher verdient es, gelesen zu werden. Nicht irgendwann. Sondern sofort. Bücher nicht einmal auszupacken – das geht nicht. Er sagte, keine Sanktionen. Es ist mir wichtig, dass man Bücher mit Respekt behandelt. Ich wage es trotzdem nicht, etwas zu sagen.

Herr Armona
Sie schaut sich wieder im Raum um. Ich lasse ihr die Zeit. Ihr Blick bleibt beim Regal hängen. Es ist immer noch unsortiert. Ich habe fast den Eindruck, einen missbilligenden Blick bei ihr zu erkennen. Sie sagt, ich hätte einige Bücher umgestellt oder ganz raus bzw. neu wieder einsortiert. Falsch sortiert. Ich stimme zu.

Mir wird wieder dieser besondere „Bruch" in meiner Wahrnehmung besonders deutlich. Wie beim letzten mal. Die unmittelbare Begegnung mit ihr erlebe ich offenbar völlig anders als es bei der schriftlichen Kommunikation der Fall ist. Ich beobachte meine eigene Empfindung.

Ich erzähle ihr von ihren Beiträgen, die ich im Internet gelesen habe. Und von meinen Irritationen, die durch diese Beiträge bei mir entstanden sind. Sie gibt mir eine Antwort, die ich wohl nicht bis in alle Tiefe verstehe. Ich merke aber auch, dass Nachfragen jetzt nicht sinnvoll ist. Ich gebe ihr zu verstehen, dass die Antwort für mich völlig okay ist. Und so ist es auch wirklich.

Fenna
Er spricht mich auf Beiträge an, die er von mir im Internet gefunden hat. Es verwundert mich nicht, das Schreiben ist mein Beruf. Gleichzeitig bin ich abgelenkt. Ich versuche, einen Blick auf den Parkplatz zu erhaschen, aber eine Hecke steht im Weg.

Ob mein Parkplatz zwischenzeitlich frei ist? Ich erkläre ihm, dass ich Beiträge schreibe zu Themen, die aktuell sind. Der Gedanke, dass ein Thema mit mir persönlich zu tun haben könnte, kommt mir da selten. Vielleicht liegt es an der Distanz, die ich zu den Themen wahren muss, um sie einigermaßen neutral beurteilen zu können. Und manchmal liegt es auch an zu allgemeinen Aussagen. Da bekommen manche Faktoren schnell den Charakter von Horoskopen. Und ich beachte sie nicht weiter, weil ich nichts von Esoterik halte.

Mir kommt der Gedanke, dass ich etwas Wichtiges nicht deutlich genug gemacht habe. Aber der falsche Parkplatz lenkt weiter ab.

Herr Armona
Ich stelle nun wieder meine Fragen, vermutlich etwas zu viele. Ich bin manchmal etwas ungeduldig. Ich hake zu früh wieder sprachlich ein. Ich muss mich erst noch daran gewöhnen, ihr mehr Zeit zum Antworten zu geben. Und das eine Pause nach einer Antwort noch nicht bedeutet, dass sie jetzt fertig ist. Es kommt zu Überschneidungen, die ich aber zunehmend vermeiden kann.

Besonders interessiere ich mich für die Art und Weise, wie sie sieht und fotografiert. Auch ich habe einmal früher gerne fotografiert. Leider ist dieses Hobby bei mir fast gänzlich zum Erliegen gekommen. Warum eigentlich? Ich beschließe, meine alten Spiegelreflexkameras wieder zu reaktivieren. Der Gedanke daran lenkt mich vom Gespräch ab. Ich kann mich wieder schlecht konzentrieren, meine Gedanken vermehren sich und gehen auf Wanderschaft.

Es ist wieder der letzte Termin für heute. Ich mag die letzten Termine besonders gerne, bin aber dann auch häufiger unkonzentriert. Ich merke, wie der rote Faden mir wieder entglitten ist. Aber der Umgang damit stärkt auch die kommunikative und soziale Kompetenz. Auch bei ihr, so hoffe ich.

Fenna
Der falsche Parkplatz hat sich zwischenzeitlich in meinem Kopf eingenistet. Es ist ärgerlich. Ich kenne solche Situationen zu Genüge. Mein Platz im Bus, mein Platz in der Uni, meine Kasse im Supermarkt. Seit einer TV-Serie ist zwar der Satz: „Das ist mein Platz!" gesellschaftstauglich geworden, trotzdem versuche ich zu vermeiden, derart aufzufallen. Dann warte ich lieber auf den nächsten Bus und hoffe, dass dann der Platz, auf dem ich immer sitze, frei ist. Und nun der Parkplatz. Mein Kopf beschäftigt sich dann stundenlang mit solchen Situationen.

Er scheint das Thema gewechselt zu haben, ganz genau habe ich den Wechsel nicht mitbekommen. Er spricht von Kameras, das ist gut. Da kenne ich mich ein wenig aus, ich hatte selbst eine digitale Spiegelreflex. Er möchte wissen, wie ich warum welche Bilder aufbaue. Ich versuche, dieses Gefühl zu beschreiben, wenn ich weiß, dass ein Bild so und nur so „richtig" ist. Es ist nichts, was man in ein künstlerisches Schema pressen kann. Ich sehe das Bild und weiß, dass es stimmt. Das klingt einfacher, als es ist. Denn es bedeutet zugleich, dass ich sehr viele „falsche", objektiv aber vielleicht gute Bilder mache, die ich dann wieder verwerfe, weil das „Just-Right" einfach fehlt. Und ohne dieses „Just-Right" ist das Bild für mich wertlos.

Herr Armona
Ich komme auf den sozialpsychiatrischen Dienst zu sprechen. Ich erkläre ihr die Antragstellung und das Leistungsspektrum. Ich sage ihr, dass sie Anspruch darauf hat. Wenn sie möchte.

Ich suche den Flyer von einem Anbieter, finde ihn aber nicht. Ich schaue unter Ordnern und Blöcken bei mir auf dem Schreibtisch. Sie lächelt plötzlich sehr offensichtlich. Ich frage warum sie plötzlich lächelt. Sie sagt: „Sie haben mehrmals unter den gleichen Block geschaut". Ich denke: ja, so bin ich. Das sagt mir nur leider zu selten jemand. Ich finde das auch ausgesprochen lustig und vor allem schusselig. Auch ich muss lächeln, gebe ihr Recht. Und finde den Flyer trotzdem nicht.

Fenna
Er scheint etwas zu suchen. Geht um den Schreibtisch, auf dem sich bereits wieder ein leichtes Chaos breit gemacht hat, hebt Ordner und Blöcke an, murmelt etwas Unverständliches. Ich überlege, ob er etwas zu mir gesagt haben könnte, da setzt er sich wieder hin. „Ich finde den Flyer nicht." Ich nehme die Information zur Kenntnis, da springt er wieder auf und beginnt erneut, die Ordner und Blöcke wieder hochzunehmen. Ich kann mir das Lachen nicht verkneifen und mache ihn darauf aufmerksam, dass er erst vor wenigen Augenblicken an diesen Orten nachgesehen hat. „Glauben Sie ernsthaft, dass der Flyer nun dort liegt, obwohl er es vor einer Minute noch nicht tat?" Er muss selbst lachen. „Ziemlich bescheuert, oder?" Ich komme nicht umhin, die Sinnlosigkeit seiner zweiten Suche zu bestätigen. Und merke zugleich, dass ich das außerhalb dieser vier Wände nicht so offen gesagt hätte. Die Gefahr, dass jemand das, was ich sage, als Angriff oder Beleidigung aufgefasst hätte, wäre zu groß. Oft wird nicht verstanden, dass ich die Dinge so meine, wie ich sie sage. Ohne Zwischentöne oder versteckte Botschaften.

Herr Armona
Das Telefon klingelt. Ich merke, wie sie zusammenzuckt. Ich lasse es durch klingeln, solange ist Gesprächspause. Ich merke auch, wie sehr sie der Lärm auf der Straße stört. Mir war das bisher nie so deutlich aufgefallen. Mittlerweile fühle ich regelrecht mit, wenn wieder ein großer LKW durch den Ort fährt.

Sie vermutet auch Tiere bei mir im Raum, oder zumindest im Fußboden. Und eine Mücke im Raum ist besonders lästig.

Aber erschlagen darf ich die Mücke nicht, sie sagt die könne da ja auch nichts für. Auch das Licht habe ich mittlerweile so gut es geht abgedunkelt.

Fenna
Das Telefon klingelt. Genauer: Vier Telefone klingeln. Damit habe ich nicht gerechnet. Ein störendes Geräusch. Es frisst soviel Aufmerksamkeit, dass ich dem Gespräch kaum folgen kann und selbst den Faden verliere. Also sage ich nichts mehr. Und bin verwundert, dass er auch nichts sagt. Er verspricht, das Telefon beim nächsten Mal auszumachen. Dabei sind ständig irgendwelche Geräusche in diesem Raum. Geräusche, die er gar nicht wahrzunehmen scheint. Das Vibrieren des Handys auf dem Schreibtisch. Der Laptop, der im Stand-By vor sich hin summt. Das Trappeln kleiner Pfoten in der Wand. Das leise Platschen, wenn die Fische im Aquarium sich plötzlich bewegen. Hustende Nachbarn. Schritte im Haus. Der ständige Verkehr vor dem Fenster. Und das Summen einer Fliege. Zumindest die scheint er auch wahrzunehmen, denn er fragt, ob er sie erschlagen soll. Ich verneine. Menschen neigen dazu, gerade kleine Tiere als Störfaktor zu betrachten, die man ohne Bedenken töten darf. Aber die Tiere wissen nicht, dass sie sich in einen Raum verirrt haben, in dem sie als Störfaktor wahrgenommen werden. Draufschlagen scheint da einfacher zu sein als das Tier einzufangen und draußen wieder einzusetzen. Zweiteres ist vielleicht mühsamer. Aber in meinen Augen auch respektvoller.

Ich weiß nicht, ob er das versteht. Aber er lässt die Fliege in Ruhe.

Er bringt unvermittelt den Vorschlag eines Arztbesuchs. Er hielte es für sinnvoll. Ich nicht. Ich mag es nicht. Und versuche, aus der Situation zu kommen. Äußere mich nicht näher dazu. Und hoffe, dass er das Thema schnell wieder vergisst.

Herr Armona
Ich mache mir Gedanken um ihre Gesundheit, sie isst einseitig, und sie schläft zu wenig. Hinzu kommt, dass sie offenbar sehr schreckhaft und wachsam ist. Auch schon beim letzten Besuch.
Insgesamt scheint sie zusätzlich eine stark erhöhte Körpererregung und Anspannung zu haben. Sie knetet permanent ihre eigenen Finger, sitzt sprungbereit auf der vorderen Sesselkante. Das hat nicht unbedingt etwas mit Autismus zu tun. Darauf werde ich sie noch ansprechen. Aber nicht jetzt.
Ich empfehle ihr, einen Arztbesuch aufgrund der sehr starken Müdigkeit in Erwägung zu ziehen. Ich sage, dass ich sie dabei unterstützen würde. Sie sagt, dass Arztbesuche bisher Erfahrungen waren, auf die sie gerne verzichten könne. Ich denke, dass ich das mit ihr bestimmt besser hinbekomme.

4.1 Über den Tellerrand – Rituale

Bei auffallend vielen Personen mit Autismus ist die Neigung, strikt nach Regeln und Routinen vorzugehen, diese rigide einzuhalten und nicht abzuweichen. Das kann bereits beim Aufstehen mit einer eindeutigen Ritualisierung beginnen, das Morgenprogramm wird immer in der gleichen Weise abgespult (erst das linke, dann das rechte Bein aus dem Bett, die Reihenfolge von Waschen, Anziehen, Frühstücken erfolgt immer in der gleichen Abfolge mit detaillierten Zwischenschritten, etc.), Arbeitsschritte immer gleich organisiert, der Abendverlauf immer in der gleichen Reihenfolge absolviert.

„Werden diese Stereotypien und Rituale von außen gestört, führt dies bei den Betroffenen zu extremen Überforderungsgefühlen, Anspannung und Frustrationen, die sich nicht selten in Form von Wutausbrüchen Luft machen. Gerade diese Rituale und die damit verbundenen Wutausbrüche sind oft Gegenstand intensiver zwischenmenschlicher Konflikte sowohl am Arbeitsplatz als auch im privaten Rahmen, da die nicht-betroffenen Menschen nicht nachvollziehen können, wieso ihre Partner oder Kollegen so unflexibel sind und sich anscheinend wegen irgendwelcher Kleinigkeiten so stark aufregen können" (Tebartz van Elst 2016, S. 30).

Denn *„Rituale dienen ganz simpel der Entlastung des Gedächtnisses, indem nicht jedes Mal neu über Handlungen nachgedacht werden muss, sondern bestimmte ritualisierte Interaktionen (fast) automatisch ablaufen können"* (Frey 2018, S. 6).

Auch Fenna zeigt bereits in dem hier recht kleinen Fenster des Therapiesettings eine klare Ritualisierung und erhebliche Irritation, wenn diese gestört werden. So bringt sie der besetzte Parkplatz in Zusammenhang mit dem Zeitdruck in einen gravierenden Konflikt, der sich auch, nachdem sie sich für einen anderen Parkplatz entscheiden musste, während des gesamten Abends nicht wirklich auflöst. Fenna beschrieb in anderen Zusammenhängen, dass sie zu Schulzeiten eher den Bus ohne sie abfahren ließ als in Kauf zu nehmen, dass „ihr" Platz besetzt ist. Um zeitlich nicht in einen Konflikt zu geraten und zu spät zur Schule zu erscheinen, entschied sie sich irgendwann, lieber zwei Kilometer zur ersten Bushaltestelle zu laufen, um so sicherzustellen, dass sie als erste im Bus sein und ihren Platz einnehmen konnte.

Zu dem rigiden Festhalten an Routinen und Ritualen gehört auch das für viele Personen mit Autismus typische Interesse für ein bestimmtes Thema, das in sehr begrenztem und durchaus auch ungewöhnlichen Rahmen betrieben wird, was Schwerpunktlegung und Intensität betrifft. So haben entsprechende Personen ein teils enormes Fach- und Detailwissen in einem Teilgebiet, das jedoch keinen funktionalen Zweck erfüllt. Ebenfalls beobachtbar sind ständig wiederkehrende Bewegungsmuster und teils auch komplizierte Bewegungssequenzen wie das Flattern mit den Händen, Finger verdrehen oder Schnippen, Schaukelbewegungen mit dem Oberkörper oder komplexe Drehbewegungen des gesamten Körpers (Vogeley 2016, S. 99).

Die Ursache für dieses rigide Festhalten an klaren Strukturen ist nicht eindeutig belegt. Tony Attwood vermutet dahinter einerseits ein Zeichen von Angst, durch die Routinen wird also die Umwelt vorhersehbar und damit weniger beängstigend gemacht, andererseits sieht er darin einen Ausdruck einer schwachen zentralen Kohärenz, d. h. es ist für betreffende Menschen schwierig, klare Muster im Alltag zu bestimmen. Somit wäre die starke Ritualisierung der Versuch, eine chaotisch scheinende Umwelt zumindest in einem gewissen Rahmen zu ordnen.

„Wenn man an bestimmten Routinen festhält, gerät man nicht in Gefahr, sich mit neuen Situationen auseinandersetzen zu müssen, in denen man zunächst nicht weiß, wie man sich verhalten soll" (Attwood 2012, S. 292 f.).

Ludger Tebartz van Elst (2016, S. 30) hingegen sieht hinter der Ritualisierung keine klassische Angst-Symptomatik, wie sie beispielsweise auch bei Patienten mit einer Zwangserkrankung vorliegt, das heißt

„mit den zwangsähnlichen Routinen und Stereotypien werden nicht wie bei klassischen Zwangshandlungen irrationale Ängste abgewehrt und sie werden dementsprechend auch nicht als Ich-dyston erlebt wie bei der klassischen Zwangsstörung."

Stimmig scheint jedoch, dass

> „dieses wiederkehrende Verhalten als angenehm, stabilisierend und gewinnbringend im vermeintlichen Chaos des Alltags, der über weite Strecken unvorhersehbar und unübersichtlich ist, erlebt wird" (Vogeley 2016, S. 100).

Fenna, aber auch andere Autisten beschreiben, dass diese Verhaltensweisen von der Umgebung häufig als störend und unangemessen wahrgenommen und deswegen, soweit möglich, unterdrückt werden. Das bedeutet jedoch auch, dass damit besonders in stressigen Situationen ein Kompensationsmechanismus genommen bzw. unterdrückt wird. Die Folgen sind für die Betreffenden persönlich gravierend, denn einer gerade schon stressigen Situation wird zusätzlich ein Anpassungsdruck aufgesetzt. Wird dann nicht entsprechend gegengesteuert, endet die Situation im schlimmsten Fall in einem kompletten Rückzug ins Innere, teils bis zum Verstummen der Sprache.

4.2 Zwischengedanken

Fenna
Als ich Herrn Armona verlasse, ist der Parkplatz frei. Es ärgert mich ungemein, dass mein Wagen auf dem falschen Platz steht. Die Räder der vorbeifahrenden Autos auf dem Kopfsteinpflaster erscheinen unglaublich laut, die Scheinwerferlichter greller als sonst. Ich versuche, es zu ignorieren.

Nach Hause fahre ich einen Umweg. Ich kenne die direkte Strecke nicht, nur die über meine Arbeit. Also fahre ich erst zu meiner Arbeit und von da aus nach Hause. Herr Armona sagte mir, ich bräuchte nur zwanzig Minuten bis nach Hause. Auf dieser Strecke brauche ich vierzig. Immer wieder geblendet von den grellen Scheinwerfern.

Herr Armona
Ich habe mir vorgenommen, mein Interesse und meine Neugier weniger stark zum Ausdruck zu bringen. Ich werde meine Fragen deutlich reduzieren. Ich werde etwas passiver werden, um ihr Raum für eigene Aspekte und Themen zu ermöglichen. Ich möchte sie nicht mit meinen Fragen erdrücken. Darum hatte ich ihr am Ende des Gesprächs noch gesagt, dass ich unsicher sei mit meinen vielen Anfragen und nun ihr die Initiative überlassen würde. Ich bin gespannt, wie sie darauf reagiert.

Auch die dritte Sitzung hat bei mir wieder mehr Fragen als Antworten generiert. Und wieder bin ich mit mir nicht ganz zufrieden. Einerseits. Ich habe aber – ohne es begründen zu können – andererseits den Eindruck, dass ich ihrer Art zu denken für sie spürbar nähergekommen bin. Eine Erfahrung, die sie vermutlich im Alltag nicht so häufig macht. Vielleicht ist das auch ein Grund, warum sie meine vielen Fragen toleriert.

Fenna
Ich bin unsicher, wie ich es einordnen kann, dass er angekündigt hat, vorerst nicht zu schreiben. War es nur eine einfache Ankündigung? Oder bahnt sich da gerade wieder ein Problem an, weil im Sub-Text noch irgendeine andere Aussage verborgen ist? Habe ich wieder irgendetwas falsch gemacht, ohne es zu merken?

Die Lichter am Straßenrand lenken mich ab. Dazu selbst die kleinen, mir vertrauten Geräusche im Wagen, die sich anfühlen, die falsch klingen, zu laut sind. Ich muss in die Wohnung. Irgendwohin, wo es ruhig ist und dunkel. Die Konzentration strengt an, sodass ich bereits den Faden zur Sitzung verliere.

Herr Armona
Ich mache mir Gedanken, wie es weitergehen kann. Ich versuche, die Dinge zu sortieren, zu gewichten. Der Arztbesuch erscheint mir wichtig, daran möchte ich festhalten. Die Sicherung des Arbeitsplatzes ist ein weiteres großes Thema. Wobei ich mir immer noch nur sehr schwer vorstellen kann, wie es mit ihr überhaupt funktioniert am Arbeitsplatz. Die vielen Termine, Planänderungen, Unwägbarkeiten. Viele Menschen, Machtspielchen, Klatsch und Tratsch. Das volle Programm.

Ich frage mich, wie sie überhaupt auf die Idee gekommen ist, sich fern von Familie und Bekannten sich dem Job und dem rauen Leben zu stellen. Ganz alleine und ohne Unterstützung.

Vielleicht beurteile ich aber die Situation auch falsch. Ich bin unsicher. Erneut unsicher.

Fenna
Ich gehe im Dunkeln zur Wohnungstür. Habe die nächsten Schritte klar vor Augen und alles mich sonst umgebende ausgeblendet, habe nur noch eine Art Tunnelblick. Schlüssel und Schloss. Mehr existiert nicht. Die Sitzung – vergessen.

Der Schlüssel hakt, verhakt. Ich probiere es wieder, weiß nicht, wie viel Zeit vergeht. Es können nur Sekunden sein, aber es reicht, dass ich in einen Zustand zwischen Stress und Panik gerate und den Schlüssel am liebsten wegwerfen würde. Unangemessen, ich weiß. Das rede ich mir ein. Damit ich den Schlüssel nicht wirklich wegwerfe. Endlich öffnet sich die Haustür und ich betrete die Wohnung. Wohl fühle ich mich trotzdem nicht. Ich lasse das Licht aus, hoffe, dass die Dunkelheit und die Stille dazu beitragen, dass sich die überreizten Sinne regenerieren. Dass der Druck im Kopf nachlässt.

Herr Armona
Wie kann es weitergehen? Kann es überhaupt weitergehen?
Ich werde die Dinge, die ich für wichtig erachte, in einem Plan zusammenfassen. Das wird sie mögen. Hoffe ich. Und ich habe den Eindruck, dass sie noch nicht so viele positive Erfahrungen im Rahmen von persönlichen, unmittelbaren Begegnungen gesammelt hat. Oder noch allgemeiner gesagt, dass sie bisher im Aufbau und der Aufrechterhaltung von sozialen Kontakten überwiegend Schiffbruch erlitten hat. Das möchte ich ändern. Ich möchte ihr vermitteln, dass Kommunikation möglich ist, ohne Angst vor Unangemessenheit, vor Häme, vor Spott und Gelächter. Ohne diese permanenten Unsicherheiten.
Ich überlege, was sie wirklich braucht. Sicherheit. Ruhe. Struktur. Einen Rückzugsort, der ihr dieses gibt. Orientierung. Verständnis. Wertschätzung. Menschen, die ihr dieses geben. Herausforderung, Begeisterung, Erfolg. Aufgaben, die ihr dieses geben.

4.3 Briefe

Hallo Herr Armona,
Sie wollten nicht schreiben und ich wollte es eigentlich auch lassen, da ich immer noch etwas unsicher bin. Oder dem Gesagten nicht traue. Ich habe gelernt, misstrauisch zu sein und Vertrauen passt nicht zum Misstrauen.

Nun scheint es mir aber logisch, dass zu einer erfolgreichen Zusammenarbeit Vertrauen dazu gehört. Und da ich ja möchte, dass sich was ändert…

Wie auch immer, unter normalen Umständen hätte ich versucht, das mit mir auszumachen, aber dass das so nicht mehr funktioniert, habe ich ja mittlerweile auch selbst gemerkt. Und ich könnte mir vorstellen, dass Sie wissen wollen, wie der heutige Tag gelaufen ist.

Oder wie er eben nicht gelaufen ist. Ich kann nicht sagen, woran es gelegen hat. Aber heute war meinerseits nichts möglich. Ich kam nicht mal bis ins Wohnzimmer meiner Wohnung, geschweige denn aus dem Haus. Ich kenne diese Tage, wenn die ganze Struktur wegbricht und ich mit jedem Punkt, den ich nicht erledigt habe, obwohl er jetzt gemacht werden muss, den Tag nur weiter verliere. Ich kenne diese Tage, wenn alles zu laut, zu viel, zu grell wird. Wenn das „Außen" nur noch feindlich ist, weil es jede einzelne Nervenzelle angreift. Wenn ich schon mit Kleinigkeiten überfordert bin.

Ich hatte gehofft, dass ich hier davon endlich verschont bleibe, stattdessen kam das jetzt noch schneller und wesentlich unvermittelter, als ich dachte. Der Tag ist einfach „verschwunden", als hätte er nie existiert. Und übrig geblieben ist nur diese Müdigkeit. Ich weiß nicht, wo und wie ich ansetzen soll. Stattdessen werde ich morgen wieder versuchen, so weiterzumachen wie bisher und dabei hoffen, dass alles wenigstens nach Plan verläuft. Auch wenn ich den Eindruck habe, dass es nicht gut ist. Aber das spielt wohl keine Rolle.

Fenna

Hallo Fenna,
danke für Ihr Vertrauen. Alles mit sich allein auszumachen, kann auf Dauer krank und müde machen. Sie können mir grundsätzlich immer schreiben. Ich wollte Sie nur nicht mit weiteren Fragen meinerseits in dieser Woche wieder zu sehr beanspruchen.

Sie befinden sich gerade in einer Phase, in der viele Dinge für Sie neu sind, in der Sie sich neu orientieren und strukturieren müssen. Sie hatten das ja auch schon geschrieben. Hinzu kommen die Dinge, die auch so schiefgelaufen sind. Und nicht zuletzt der Kontakt mit mir, der Ihre Aufmerksamkeit und Ihre Ressourcen ebenfalls in

Anspruch nimmt. Dann sind solche Tage, an denen nichts mehr geht, nur allzu verständlich.

Grundsätzlich ist es keine Katastrophe, wenn aus gesundheitlichen Gründen nichts mehr geht. Die Mehrzahl der Menschen kennt solche Tage. Dann ist man schlapp und müde, man hat Kopfschmerzen, den einen plagen dann große Selbstzweifel, den anderen terrorisieren Angstattacken. Das Spektrum der negativen Empfindungen und Emotionen ist hier sehr weit. Auch ich kenne solche Tage. Aber dann geht es bald wieder, das Tal ist dann durchschritten. Und dann kommen auch wieder gute Tage.

Diese große Müdigkeit signalisiert Ihnen Ihr Körper. Nach den Jahren der Schwerstarbeit kommen die ersten Ermüdungserscheinungen. Darum auch meine Hausarbeit für Sie, um besser überblicken zu können, wie viel Ruhe und welche Ernährung Sie Ihrem Körper gestatten.

Ein weiterer Schritt wird dann sein, zu „erforschen", welche Aktivitäten (zum Beispiel Fotografieren, etc.) und welche Entspannungsverfahren Ihnen wieder Kraft und Lebensfreude bringen.

Wenn es Ihnen zusätzlich gelingt, diejenigen Fahrpläne zu erkennen, die Ihnen auf Dauer Kraft entziehen, und neue Fahrpläne zu entwickeln, die Ihnen das Leben in und um soziale Situationen erleichtern, dann ist schon viel gewonnen. Das wird ein zentraler Punkt unserer Zusammenarbeit sein. Und: wieder möglichst viele positive Erfahrungen im Umgang mit anderen Menschen machen. Und: Geduld und Gelassenheit.

Es sind oft nur Kleinigkeiten, die allerdings eine große Wirkung haben können. Das haben Sie jetzt gestern wieder leidvoll erfahren müssen. Ich bin sehr zuversichtlich, dass Sie die Dinge sortieren und strukturieren können. Dass Sie die Dinge auch restrukturieren können.

Liebe Grüße
Herr Armona

Hallo Herr Armona,

Der Tag heute war kein wirklicher Unterschied zu gestern.

Das sind solche Situationen sind, mit denen ich nicht „richtig" umgehen kann – wenn die Leute fragen, warum man nicht da war oder ob es einem „besser gehe". Ein Grund, warum ich nur fehle, wenn es sich gar nicht vermeiden lässt. Zumal dann auch die Tage nicht mehr „richtig" sind. Ich weiß nicht, wie ich das beschreiben soll. Die Dinge haben ihre Reihenfolge, dann kann ich sicher sein, dass alles funktioniert und geordnet ist. Wenn ein Punkt wegfällt, wird es schwierig, wenn mehrere Punkte wegfallen, bricht das ganze System zusammen und es entsteht Chaos. Nach Montag kommt der Dienstag, nach Dienstag der Mittwoch, und so weiter. Wenn der Donnerstag dann plötzlich ein Feiertag ist oder ich nicht das mache, was ich immer donnerstags mache, dann ist es ein „falscher Donnerstag". Damit ist auch der Freitag falsch und das Wochenende. Und wenn ich weiß, dass der Donnerstag ein Feiertag ist, dann ist auch der Mittwoch bereits falsch, weil er eigentlich ein Freitag ist. Ich habe keine Ahnung, ob das nachvollziehbar ist, was ich meine. Wenn ich Leuten sage, dass ich „freie Tage" nicht mag (was ich schon lange nicht mehr gemacht habe), weil die Woche dann eine „falsche Woche" ist, lachen sie meistens. Es ist eben Chaos.

Aber hier habe ich ja erst angefangen, zu versuchen, das Chaos zu systematisieren. Und ich kann gerade nicht behaupten, dass mir das gelingt.

Ich bin, glaube ich, kein geduldiger Mensch, vor allem nicht mit mir. Ich kann nur Hartnäckigkeit (oder Sturheit) anbieten.

Sie schreiben von „Schwerstarbeit". Aber anderen fallen die Dinge, an die ich immer wieder anstoße, scheinbar unglaublich leicht. Und ich denke dann, dass ich mich einfach nur nicht genug anstrenge… meist komme ich mir dann auch unglaublich dumm vor, wenn ich an

Dingen scheitere, die für andere vollkommen selbstverständlich sind. Oft weiß ich dann nicht mal, ob die Dinge wirklich selbstverständlich sind oder sie nur so tun, als seien sie selbstverständlich. Wobei letzteres nicht logisch wäre, aber mit Logik komme ich da ja generell nicht weit. Deswegen mache ich auch die Dinge „mit mir aus" ich weiß nicht, was davon wichtig ist und was nicht, oft kann ich auch nicht abschätzen, ob und welche Reaktionen kommen oder wie unter Umständen damit verfahren wird.
Liebe Grüße
Fenna

Hallo Fenna,
Ihre Emails haben für mein Empfinden immer eine gewisse „Sprachmelodie", oder anders formuliert: Ich meine „zwischen den Zeilen" Ihren Gemütszustand erahnen zu können. Bei den letzten Emails hat nicht nur der Inhalt, sondern auch die Melodie zwischen den Zeilen auf große Verunsicherung und weitere stark belastende Eindrücke hingewiesen.
Wie geht es Ihnen heute?
Liebe Grüße
Herr Armona

Hallo Herr Armona,
Ich vermute, dass Ihre Frage, wie es mir geht, nicht als jenes anfangs beschriebene Ritual gemeint ist?
Heute habe ich mich nicht wirklich imstande gesehen, das Haus zu verlassen. Ich musste meine Medikamente aus der Apotheke abholen, aber dafür brauchte ich gute vier Stunden Anlaufzeit. Gerade ist es ein Zwangsfunktionieren, das ich aber nur kurz aufrechterhalten kann. Und ja, im Grunde bin ich wahrscheinlich verunsichert. Mir fehlt der Eindruck von Sicherheit, den ich normalerweise in meiner Wohnung habe. Aber ich kann

das hier noch nicht als „meine" Wohnung akzeptieren. Ich erkenne meine Sachen, aber sie stehen an den falschen Stellen das ganze neue System ist mir noch nicht vertraut und selbst, wenn ich hier bin, habe ich permanent das Gefühl, in einem fremden Raum zu sein. Es fehlt mein vertrauter Rückzugsort, der Platz, an dem ich mich blind zurecht finde und an dem nichts ist, was stört. Aber hier prasselt immer wieder etwas Neues auf mich ein.

Manchmal glaube ich, dass ich Geräusche lauter wahrnehme als andere, anders kann ich mir nicht erklären, warum sie mir so unangenehm sind, den anderen aber nichts ausmachen. Mein Nachbar schraubte gestern und heute schon den ganzen Tag an seinem Roller herum und lässt dabei den Motor laufen, dreht regelmäßig am Gashahn. Trotz geschlossener Fenster macht es mich wahnsinnig. Es ist, als wäre alles überreizt. Selbst die Geräusche, die ich kenne, erscheinen mir jetzt zu laut, wie das Miauen der Katze oder wenn sie durch die Wohnung läuft. Ich höre jeden ihrer Schritte und das Klacken der Krallen auf dem Laminat. Am schlimmsten ist es, wenn sie spielt und irgendwelche Spielmäuse fängt. Das rumpelt unglaublich und ich würde sie am liebsten rausschmeißen. Dabei kann das Tier ja gar nichts dafür.

Und auch mein Kopf gibt keine Ruhe, ich mache nichts anderes als denken, doch anders als das Analysieren von Dingen außerhalb ist das ein Denken, das sich im Kreis dreht.

Beantwortet das Ihre Frage?
Liebe Grüße
Fenna

Ja, ist beantwortet.
Haben Sie eigentlich Star Trek-Folgen auf DVD, die Sie am PC anschauen könnten?

4 Die dritte Sitzung

Und eine ganz profane Frage: Haben Sie Ohrenstöpsel im Haus? Können Sie Ihre Wahrnehmung dadurch reduzieren, eventuell auch durch Sonnenbrillen oder Augenklappen?
Das würde allerdings nicht gegen das Kreisen der Gedanken helfen. Vielleicht aber einige Folgen Star Trek oder einfach rausgehen und fotografieren.
Oder sehe ich das völlig falsch?

Hallo Herr Armona,
ich habe Ohrenstöpsel, die bestimmte Frequenzen rausfiltern. Das gilt aber eben nur für bestimmte Frequenzen. Das Mofa vom Nachbarn und auch dessen Traktor gehören nicht dazu. Im Moment feiern sie in der Scheune, da trifft sich gerade die halbe Dorfjugend.

Ich habe hier schon eine Folge in Dauerschleife, meine Lieblingsfolge. Allerdings steht der PC während des Abspielens so, dass ich es nicht sehe, weil es einfach zu grell war. Jetzt ist es draußen dunkel, da kann ich endlich die Monitor-Helligkeit reduzieren. In meiner alten Wohnung konnte ich in solchen Situationen die Rollläden runter lassen und die Fenster waren ziemlich schalldicht, wenn sie geschlossen waren. Hier sind die Fenster nicht so dicht und haben auch keine Rollläden. Ich habe bereits Handtücher davor gehängt, aber wirklich geholfen hat das nicht.

Nach draußen hätte ich mich so nicht gewagt. Ich kenne die Gegend kaum und hatte vorhin schon Probleme, die Apotheke wiederzufinden, weil es da so voll und laut war. Und ich weiß nicht, ob es so gut wäre, wenn mich jetzt Nachbarn ansprechen. Die sind ja alle draußen unterwegs und hier spricht jeder jeden an.

Ich mag das nicht. Aber ich muss das in den Griff bekommen. Der nächste Schritt ist dann wie eine „Notabschaltung" vom Gehirn, dann höre ich fast gar nichts mehr und sehe sehr schlecht, habe darüber dann gar keine Kontrolle mehr. Das will ich verhindern.

Und nein, gegen das Gedankenkreisen hilft das letzten Endes nicht. Ich weiß allerdings auch nicht, inwiefern das eine aus dem anderen resultiert.

Liebe Grüße
Fenna

Hallo Fenna
jetzt bin ich unsicher, ob ich angemessen reagiere. Würde Ihnen gerne helfen, kann aber zurzeit wohl nur wenig machen. Vielleicht stören Sie sogar meine Anfragen auch, da können Sie ehrlich mit mir sein.

In jedem Fall habe ich in den letzten Wochen einen – so wie ich denke – tiefen Eindruck bekommen, wie Sie die Welt wahrnehmen und sich darin fühlen. Kann ich Sie in irgendeiner Form unterstützen? Hilft es Ihnen, wenn Sie mir schreiben?

Herr Armona

Hallo Herr Armona,
nein, nicht unangemessen. Ich wusste nur nicht, wie ich reagieren sollte. Die Matrix hat sich wohl aufgehängt… Und nein, Ihre Anfragen stören auch nicht. Ich habe ja jederzeit die Möglichkeit, den PC auszumachen. Ich habe gestern die Dunkelheit der Nacht genutzt. Rausgehen würde ich heute noch nicht, aber das Licht blendet heute nicht mehr ganz so unerträglich wie gestern. Und auch die Nachbarn waren ab 2 Uhr endlich ruhig. Ich konnte zwar nicht schlafen, aber dieses Zuviel an allem hat für ein paar Stunden aufgehört.

Normalerweise kenne ich die Anzeichen vorab ganz gut und ziehe mich selbst auf vertrautes Terrain zurück. Je früher mir das gelingt, desto geringer sind dann auch die Auswirkungen.

Die Notabschaltungen – ich weiß einfach nicht, wie ich es besser umschreiben soll – sind zum Glück selten. Die letzte war vor etwas über einem Jahr. Ich hatte ein Seminar auf einer Messe und den ganzen Tag waren sogenannte Cosplayer unterwegs, bunt kostümierte Menschen. Es war voll, laut und eine komplett verdrehte Welt. Ich habe es da eigentlich keine Stunde ausgehalten, musste aber Fotos machen. Selbst durch den Sucher der Kamera war das alles zu viel. Am Abend fuhren wir mit der Straßenbahn (was auch nicht besser ist) zurück und saßen irgendwann irgendwo in einem Restaurant, mitten im Durchgangsweg mit 20 Leuten an einem langen Tisch. Das Essen habe ich nicht angerührt. Irgendwann verschwimmen die Geräusche immer mehr, bis sie nur noch eine Art „weißes Rauschen" sind, ich verstehe dann so gut wie kein Wort mehr. Meist bekommen die Leute um mich herum, wenn welche dabei sind, nicht davon mit, außer dass ich „still" bin.

Ich habe leider noch kein wirklich wirksames Mittel dagegen gefunden. Ich habe eine Decke, die um die sechs Kilo wiegt, das hilft ein wenig, weil es ein begrenzender, gleichmäßiger, kontrollierter, taktiler Reiz ist, das hilft aber nur in der Anfangsphase.

Ich hoffe, Sie halten mich jetzt nicht für eine komplette Spinnerin.

Liebe Grüße

Fenna

Hallo Fenna,
ich freue mich, dass es Ihnen offenbar etwas besser geht.
Ich halte Sie nicht für eine Spinnerin. Ganz im Gegenteil: Ich zolle größten Respekt, wie Sie all die Jahre alles geschafft haben und so weit gekommen sind. Sie schreiben und beschreiben Ihre Situation so deutlich für mich, dass ich regelrecht miterleben und mitfühlen kann.

Sie haben Recht, es sollte ein Veränderungsprozess eingeleitet werden. Habe mir schon einige konkrete Gedanken dazu gemacht.
Liebe Grüße
Herr Armona

Hallo Herr Armona,
Im Moment bin ich vor allem ziemlich ausgelaugt (ich glaube, das ist das richtige Wort). Ob man dem Respekt zollen sollte, weiß ich nicht. Denn in der Regel ist das wie ein zweites Leben, das sich im Verborgenen führt und von dem keiner erfahren hat.

In Bezug auf die soziale Interaktion bin ich kein Genie und kann das wohl auch nicht verheimlichen, aber all die anderen Dinge halte ich tunlichst hinter verschlossenen Türen, soweit möglich. Man muss ja nicht noch „bescheuerter" wirken, als man sowieso schon wahrgenommen wird. Wobei ich mich schon frage, wie viel Energie ich eigentlich in dieses Versteck-Spiel investiere, nur damit ich nicht auffalle. Und ob es das überhaupt wert ist. Andererseits möchte ich mich nicht ständig erklären – zumal ich das gar nicht kann. Also alles eine eher ambivalente Sache.

Gerade denke ich, dass ich wahrscheinlich viel zu spät reagiert habe. Ich hätte eher eingreifen und mich nicht so lange mit dem Status Quo zufrieden geben sollen.
Liebe Grüße,
Fenna

Hallo Fenna,
Ich hatte Ihnen ja angekündigt, dass ich gerne einen Arzttermin in Angriff nehmen würde. Kurzfristig könnten Sie einen Termin bei einem mir bekannten Arzt bekommen. Wie wir schon besprochen hatten, würde ich alles entsprechend im

Vorfeld vorbereiten: Sie müssen niemandem die Hand geben, ich werde ihr Anliegen – falls Sie wünschen – dem Arzt schildern.

Die grundsätzliche Frage an den Arzt wird sein, ob es ein leichtes verschreibungspflichtiges Schlafmittel gibt, das Ihre Schlafstörungen zumindest kurzzeitig mildern kann, um danach dann mit Entspannungstechniken und anderen Maßnahmen eine langfristige Lösung zu finden.

Ein weiteres Thema beim Arztbesuch wird eine mögliche Mangelernährung sein.

Ich schlage vor, dass wir anstatt der nächsten Sitzung uns vor dem Arztbesuch bei mir in der Praxis treffen, um dann zu Fuß zum Arzt zu gehen.

Ist diese Vorgehensweise für Sie in Ordnung? Haben Sie weitere Vorschläge?

Liebe Grüße
Herr Armona

Literatur

Attwood, T. (2012). *Ein ganzes Leben mit dem Asperger-Syndrom* (2. Aufl.). Stuttgart: Trias.

Frey, D. (2018). *Psychologie der Rituale und Bräuche*. Heidelberg: Springer.

Tebartz van Elst, L. (2016). Die hochfunktionalen Autismus-Spektrum-Störungen im Erwachsenenalter – Symptomatik und Klassifikation In L. Tebartz van Elst (Hrsg.), *Das Asperger-Syndrom im Erwachsenenalter und andere hochfunktionale Autismus-Spektrum-Störungen* (2. Aufl.). Berlin: MWV Medizinisch Wissenschaftliche Verlagsgesellschaft.

Vogeley, K. (2016). *Anders sein. Autismus-Spektrum-Störungen im Erwachsenenalter* (2. Aufl.). Weinheim: Beltz.

5

Der Arztbesuch

Fenna
Ich mag den Tag jetzt schon nicht. Wie immer bin ich zu früh. Mein Parkplatz ist frei. Die Uhrzeit stimmt nicht. Ich musste früher kommen, wegen des Arzttermins. Dieser Termin, der wie eine dunkle Wolke über dem ganzen Tag hing und mich an nichts anderes denken ließ. Ein fremder Arzt, eine fremde Praxis, vor allem aber jede Menge wahrscheinlich schon vorprogrammierte Missverständnisse. Nein, ich mag Arztbesuche nicht.

17:11 Uhr–17:12 Uhr–17:13 Uhr. Aussteigen. Abschließen. An der Beifahrertür einmal kontrollieren, ob der Schließmechanismus funktioniert. Die Straße überqueren, bis zum Haus.

Punkt 17:15 Uhr drücke ich die Klingel, die blau blinkt. Ich merke es kaum, zu sehr bin ich in Gedanken beim Arztbesuch. Herr Armona öffnet die Tür.

Herr Armona
Ich habe dem Arzt einen kurzen Brief geschrieben, mit genauen Anweisungen, zum Beispiel nicht die Hand zu geben, nicht ungefragt zu berühren. Fenna soll diesmal positive Erfahrungen mit einem Arztbesuch verknüpfen. Auch ich bin gespannt. Ich hoffe, dass ich meine Ankündigungen auch halten kann.

Fenna kommt wie immer pünktlich. Wir setzen uns noch kurz in die Praxis. Ich sage ihr nochmals, dass der jetzt bevorstehende Arztbesuch gut vorbereitet ist.

Wir machen uns auf den Weg. Zu Fuß. Sie geht vorsichtig, ständig Orientierung suchend. Ich gehe schweigend nebenher, reduziere das Sprechen auf das Wenigste. Mit einer Hand berührt sie die Latten eines Zaunes, streift beim Gehen mit einem Finger über die Oberfläche der exakt im gleichen Abstand angebrachten Holzelemente. Die Autos und Laster sind laut, sie zuckt gelegentlich erschrocken zusammen.

Fenna
Es nieselt, als wir uns auf den Weg machen. Es ist dunkel und kühl. Aus den Augenwinkeln versuche ich, Herrn Armona im Blick zu behalten. Der Gehweg ist eng, ich halte mich etwas hinter ihm, nur so kann ich angenehmen Abstand wahren. Ich mag es nicht, wenn mir Leute zu nah kommen. Beim Laufen ist das erst recht schwierig, denn manchmal machen die Menschen unvorhergesehen Schlenker.

Ich versuche, mir Wegmarken einzuprägen. Irgendetwas, was mir zeigt, wo ich gerade bin. Uns kommt eine Gruppe Kinder entgegen und es wird noch enger auf dem Gehweg. Auf die Straße kann ich nicht ausweichen, der Verkehr ist zu stark. Die Lichter der vorbeifahrenden Autos blenden. Und das Rollen der Reifen ist laut. Ich bin immer überrascht, wie sehr Regen bestimmte Geräusche zu verstärken scheint, in eine laute, unangenehme Richtung.

Ich suche etwas Bekanntes, Vertrautes. Und fahre mit den Händen durch die Büsche am Wegrand, an den nassen Blättern entlang, über Holzlamellen eines Zaunes, über die Muster an einem Eisenzaun. Meine Hand wird nass und wahrscheinlich auch schmutzig, aber das ist egal.

Als wir plötzlich an einer Kreuzung stehen, verliere ich die Orientierung. Ich kann nicht einschätzen, wie schnell die Wagen heranfahren, es gibt keinen Fußgängerüberweg, keine Ampel. Herr Armona läuft einfach weiter und ich schwanke zwischen abrupten Stehenbleiben und blindem Hinterherlaufen. Ich möchte nicht zu diesem Arztbesuch. Aber ich hoffe trotzdem, dass wir bald von der nassen Feierabendverkehrsstraße weg kommen.

Herr Armona
Beim Eintreten in die Praxis gibt es leider eine kleine Warteschlange am Tresen. Dann wird Fenna nach endlos langen Sekunden aufgefordert, ihre Versicherungskarte abzugeben. Wir dürfen in das Wartezimmer. Es ist fast voll, wir bekommen noch zwei Plätze. Ich setze mich neben sie, versuche mich möglichst still zu verhalten. Im Raum selbst ist es laut. Von außen dringen alle möglichen Gesprächsfetzen, Lachen, Anweisungen, Geklimper und Geklapper durch die verschlossenen Türen. Ich merke, wie sensibel auch ich bereits auf Lärm reagiere. So laut hier habe ich es nicht Erinnerung. Ständig geht eine der beiden Türen auf, Personen treten ein oder verlassen den Raum. Gequatsche, oft sinnlos.

Der Stuhl neben ihr wird frei, eine ältere Person steuert darauf zu, macht sich „breit", sodass ich schon fast Berührungen zwischen Fenna und der anderen Person befürchte. Die Person bleibt vor dem leeren Stuhl stehen, zieht umständlich die Jacke aus, unterhält sich mit der Begleitung. Setzt sich immer noch nicht. Ich spüre Fennas Anspannung neben mir. Auch ich entwickle gerade so etwas

wie Fluchtgedanken. Endlich setzt sich die Person. Lautes Atmen, Schniefen, Röcheln.
Ich beobachte, wie verstohlene Blicke von den anderen Wartenden auf Fenna geworfen werden.

Fenna
Die Praxis. Der Garten ist überfrachtet mit Weihnachtslichtern. Ein Mann steht auf einer Leiter und bringt weitere Beleuchtung an. Herr Armona bleibt einige Sekunden stehen, wechselt ein paar Worte mit dem Leiter-Mann. Belangloses. Warum auch immer.

Im Vorraum ist ein Tresen, mehrere Leute sind vor mir. Ich bin unsicher, es ist laut, unruhig, geschäftig. Und zu eng. Ich möchte wieder gehen. Meinen Einsatz verpasse ich, mir ist entgangen, dass ich zwischen all den Leuten dran bin und meine Karte abgeben soll. Für einen Moment überlege ich zu fragen, ob ich draußen warten darf. Lieber im Regen stehen als in das volle Wartezimmer. Aber ich wage es nicht und muss durch die quietschende Holztür in den vollen Raum.

An der Wand hängt ein Plakat mit Leuchttürmen. Ich mag Leuchttürme. Aber ansonsten ist der Raum der sprichwörtliche Vorhof zur Hölle. Die Tür quietscht, die Menschen müssen durch das Wartezimmer, wenn sie die Praxis verlassen wollen, ständig geht das Ding auf und zu. Draußen klingelt das Telefon, die Sprechstundenhilfen scheinen in den Hörer zu brüllen.

Plötzlich steht sie neben mir. Viel, viel zu nah. Sie redet und redet und hört nicht auf, fuchtelt mit den Armen. Ich weiche auf meinem Stuhl zurück, möchte am liebsten unsichtbar werden. Ich kann nicht ausweichen, links von mir sitzt Herr Armona. Ich rieche diese fremde Frau, die viel zu nah an mir dran ist. In meinen Ohren verschwimmen die Geräusche langsam zu einem hallenden Brei, ihr penetrantes Gerede, das Gescharre der Füße, das

Schmatzen, Schlucken, Summen, die quietschende Tür, das Gerede auf dem Flur. Wieder überlege ich, zu gehen. Im Raum ist nichts, was meinem Blick Halt gibt. Ich will hier raus. Jetzt.

Herr Armona
Wir warten, ich hatte ja im Vorfeld darum gebeten, dass wir die letzten am Abend sein wollten, offenbar hat das nicht richtig funktioniert. Es sind immer noch einige vor uns. Es geht jetzt aber erstaunlich schnell.

Wir sind an der Reihe. Ich begrüße den Arzt, er mich und schon reicht er Fenna die Hand. Bevor ich einschreiten kann, ist es geschehen. Es kam zum Handschlag und ich ärgere mich. Kein guter Start für meine Vorbereitung. Dann fängt der Arzt an zu sprechen. Er duzt Fenna, ich habe keine Ahnung warum. Ja, sie sieht deutlich jünger aus als sie es tatsächlich ist, aber gleich duzen? Ich mag das nicht, schreite aber nicht ein. Ich sieze Fenna.

Er stellt Fragen, die darauf schließen lassen, dass er weder meinen kurzen Brief gelesen noch grundsätzliche Ahnung von der typischen Asperger-Symptomatik hat. Ob Autismus überhaupt richtig wäre, sie hätte ja immerhin ein sehr gutes Abitur. Ob nicht vielleicht doch eine Psychose vorliege. Letzteres flüstert er mir ins Ohr, mir ist aber sofort klar, dass Fenna das trotzdem verstanden hat.

Fenna
In Gedanken mache ich mir eine Notiz, dass ich mich mit Herrn Armona mal dringend über seine Definition von „gut vorbereitet" unterhalten muss. Gerade, als ich überlege, wie ich die Situation möglichst schnell und unauffällig verlassen kann, werde ich aufgerufen. Und finde prompt die Hand des Arztes in meiner wieder. Ich weiß, dass es unhöflich ist, den Händedruck zu verweigern.

Trotzdem ist es mir zuwider. Was mich wieder zur Definition von „gut vorbereitet" führt.

Das Sprechzimmer ist ein Chaos, weit schlimmer als das Chaos-Regal im Büro von Herrn Armona. Mein Blick wird fast magisch von dem kleinen Loch im Bezug der Liege angezogen. Etwas, an dem die Augen hängen bleiben können.

Ob er den Brief gelesen hat, will Herr Armona vom Arzt wissen. „Nein", antworte ich in Gedanken, das zeigt sein ganzes Verhalten. „Ja", behauptet der Arzt. Selbst für mich ist offenkundig, dass das nicht stimmen kann. Aus irgendeinem Grund entwickelt sich das Gespräch zwischen dem Arzt und Herrn Armona, ich habe wohl wieder meinen Einsatz verpasst, sitze daneben und wundere mich. „Kann ich mit ihr sprechen?", fragt der Arzt. Das finde ich jetzt doch ein wenig unverschämt. Ebenso, dass er mich einfach duzt. Ich kenne den Mann nicht, bin ihm nie vorher begegnet. Als er von meinem abgeschlossenen Studium erfährt, setzt er nach: „Das hättest du aber heute nicht mehr geschafft!" Ich frage mich, warum nicht. Ob ich schon immer so ängstlich sei, will er von Herrn Armona wissen. Ich denke mir, dass er mich besser fragen sollte, ob ich Angst habe. Dann könnte ich ihm sagen, dass dem nicht so ist. Aber er fragt mich nicht. Also schweige ich.

Er liest die Berichte und meint dann zu Herrn Armona, dass Autismus gar nicht möglich sei. Schließlich habe ich ja Abitur. Ich verstehe den Kausalzusammenhang nicht, glaube aber, dass er nicht nett ist. Wieder zu Herrn Armona sagt er was von Psychose, spricht weiterhin in der dritten Person von mir. Für einen Moment ziehe ich in Erwägung, ob ich wieder einen meiner „Tarnkappen-Tage" habe. Einen der Tage, an denen ich scheinbar unsichtbar bin. Vielleicht sollte ich mich bemerkbar machen. Vor allem sollte ich wohl deutlich machen, dass ich über ein ausgezeichnetes Gehör verfüge und zudem auch eine gewisse Grundintelligenz mitbringe, die mich befähigt, komplette Sätze zu verstehen. „Hallo, ich sitze direkt neben euch und kann euch hören", erscheint mir als Einwurf angemessen. Ich schweige.

Herr Armona
Der Arzt rät ganz dringend zu einer Blutuntersuchung. Auch ich bin dafür, sehe aber im Moment noch große Widerstände bei Fenna. Blutabnahme bedeutet auch Berührungen. Von Schlaf- oder Beruhigungsmitteln rät er ab. Auch ich bin da hin- und hergerissen. Wir wollen es zunächst noch so versuchen.

Stattdessen schlägt er Vitamin B12 vor. Durch die Mangelernährung könne der Zusatz von B12 unter anderem auch die Müdigkeit reduzieren. Auch das klingt plausibel, wobei das aus meiner Sicht höchstens eine unterstützende, aber keine wirklich helfende Maßnahme ist.

Fenna
Irgendwie scheint sich der Arzt an seiner Psychose-Idee festgebissen zu haben. „Hörst du Stimmen?", will er von mir wissen. Ich bejahe. Gleichzeitig hakt meine Matrix ein – irgendwas stimmt mit der Frage nicht. Die Situation wird verworren. Ich überlege noch, was nicht stimmt, gleichzeitig schaltet sich Herr Armona wieder ins Gespräch ein. Ich erkläre, dass die Sprechstundenhilfen sehr laut und hier im Raum gut verstehbar sind, ebenso höre ich die Stimme des Arztes. Es geht dem Arzt aber um Stimmen, die nicht existieren. Woher hätte ich das denn wissen sollen? Erst im Nachhinein geht mir auf, dass das Gespräch hier um ein Haar in eine vollkommen falsche Richtung gedriftet wäre. Nicht, dass die Richtung jetzt besser ist.

Der Arzt erzählt etwas von Vitaminen, wendet sich dabei wieder Herrn Armona zu. Ich habe wieder die Tarnkappe auf, werde Zuhörer in einem Gespräch, in dem es eigentlich um mich geht. Ein Vitamin-B12-Mangel, das sei bestimmt die Ursache für die komplette Symptomatik. Ich frage mich, welche „Symptomatik" der Arzt genau meint und bin mir sicher, dass er „Symptome" sieht, wo ich keine sehe. Aber ein Vitamin-Mangel würde die ganze „Autismus-Symptomatik" erklären. Ich schweige.

Herr Armona
Auch ein CT wird vom Arzt vorgeschlagen. Das ist im ersten Moment vielleicht eine etwas zu überdimensionierte diagnostische Maßnahme, allerdings unter Umständen sinnvoll, gerade wenn ständige Kopfschmerzen und andere Symptome wie Schwindel und „kognitives Abschalten" vorhanden sind. Das soll sich Fenna noch überlegen, die Überweisung dazu würde sie bekommen. Auch das ist aus meiner Sicht ok.

Fenna
Der Arzt möchte mir Blut abnehmen. Das kann er vergessen. Am besten ganz schnell. Er versucht, mich zu überreden. „Das tut auch nicht weh", behauptet er. Das ist mindestens das zweite Mal, dass er die Unwahrheit sagt. Natürlich ist Blut abnehmen mit Schmerzen verbunden, schließlich wird in geringfügigem Maße die Haut verletzt – Menschen sollten sich eher Sorgen machen, wenn sie wirklich keinen Schmerz fühlen. Unabhängig davon habe ich jedoch dicht gemacht. Ich bin nur noch Beobachter einer Situation, die ich als zutiefst unangenehm empfinde. Der Fluchtweg ist versperrt, so bleibt mir nur der Rückzug in mich. Der Arzt erklärt, dass ich

keine Angst haben bräuchte. Habe ich auch nicht, ich weiß nicht, wie er darauf kommt. Ich bin nicht ängstlich, ich will hier raus. Ich habe das Loch im Bezug der Liege im Blick und schweige.

Der Arzt gibt auf. Ich bekomme das Rezept, das Geräusch des Nadeldruckers malträtiert mein Gehör. Eine Überweisung für ein CT, die ich mitnehme, damit es nicht zu weiteren Diskussionen kommt. Im Gehen höre ich, wie der Arzt zu Herrn Armona sagt, dass er „damit" überfordert sei. Und ich frage mich, an welchem Punkt ich welchen Fehler gemacht habe, sodass dieser Termin so schiefging. Ich komme ohne Berührung aus dem Sprechzimmer, durchquere das nun leere Wartezimmer, ein letztes Mal die verdammte quietschende Tür – und stehe draußen im Nieselregen.

Herr Armona gesteht, dass er sich das alles etwas anders vorgestellt hat. Also scheint es auch nicht nach seinen Plänen gelaufen zu sein. Der diffuse Druck im Hinterkopf hat sich wieder bemerkbar gemacht. Und ich bin müde. Ich möchte irgendwohin, wo es ruhig ist.

Herr Armona
Bei der Verabschiedung kann ich das Händeschütteln verhindern. Ich sehe einen etwas ratlosen Blick beim Arzt, bei Fenna meine ich den Anflug von Enttäuschung im Blick und ihren Bewegungen zu erkennen.

Auf dem Rückweg bestätigt sich meine Vermutung. Auf der Skala von eins bis zehn, wobei zehn das absolute Grauen ist, vergibt sie für diesen Arztbesuch die glatte Neun. Ich gestehe mir selbst und auch ihr, dass meine Vorbereitung wohl ein Reinfall war. Meine Bemühungen vielleicht gut gemeint, aber vergebens waren. Am meisten habe wohl wieder ich an diesem Abend gelernt.

5.1 Über den Tellerrand – Kommunikation

Ein großer problembelasteter Bereich für Menschen mit einer Autismus-Spektrum-Störung ist die soziale Interaktion und Kommunikation. Dies betrifft vor allem die Prozesse mit Personen, die nicht-autistisch sind. Dabei sind sowohl Faktoren aus dem konkret sprachlichen als auch Bereiche der non-verbalen Kommunikation belastet.

Unter nicht-autistischen Menschen nimmt die nicht-sprachliche Kommunikation einen großen Teil des Ausdrucksvermögens ein. Mittels bestimmter Signale, die intuitiv gesendet, erkannt und entschlüsselt werden, gelingt es ihnen ohne ein Wort, etwas zu sagen oder auszudrücken. Ein hierfür typisches Beispiel sind Zeigegesten, mittels derer man Mitmenschen auf etwas aufmerksam macht. Auch allein mit einer bestimmten Art von Blick, unterstrichen von einer bestimmten Kopf- oder Körperhaltung ist es möglich, klare und eindeutige Signale an Mitmenschen zu senden.

„Natürlich sind starke mimische Ausdrücke, wie z. B. Weinen oder Lachen, auch für autistische Menschen sehr gut erfassbar. Subtilere, differenzierte nonverbale Äußerungen aus den Bereichen Mimik, Gestik und Körpersprache sind nur schwer verständlich und mühsam auszulesen. Ebenso wie die angemessene Wahrnehmung dieser nonverbalen Signale ist auch die eigene Produktion passender und angemessener Körpersignale besonders schwierig, muss gelernt werden und es muss lebenslang bewusst und konzentriert umgesetzt werden, ähnlich wie bei einem Schauspieler, der ein bestimmtes Repertoire von Bewegungen für eine bestimmte Rolle erlernen muss" (Vogeley 2016, S. 72).

Für autistische Personen wirft das in der sozialen Interaktion eine Reihe von Fragen über das „Wie?", „Wann?" und „Warum?" von bestimmten Reaktionen, Gesten und Ausdrücken auf. So lernen sie, um sich die soziale Interaktion zu erleichtern, bestimmte Gesten und mimische Ausdrücke (teils heimlich vor dem Spiegel), um sie dann in der entsprechenden Situation korrekt vorzuspielen und damit nicht aufzufallen. Der nicht-autistische Interaktionspartner wiederum ist fähig, die mangelnde Intuition hinter den Gesten zu erkennen und somit wirkt die non-verbale Kommunikation auf ihn hölzern und unecht. Umgekehrt geschieht es häufig, dass subtile, non-verbale Signale von einer Person mit einer Autismus-Spektrum-Störung schlicht und ergreifend übersehen und nicht wahrgenommen werden. Das führt dann zu missverständlichen Situationen. So ist für nicht-autistische Menschen beispielsweise sehr schnell ersichtlich, in welcher Grundstimmung sich eine Person beim Betreten eines Raumes befindet. Ist diese Person traurig, zeigt dies aber nicht offensichtlich durch Weinen, so ist es für den autistischen Menschen nicht klar erkennbar und er wird entsprechend auch nicht die erwartete und vorausgesetzte Reaktion von Mitgefühl zeigen.

„Das Betrachten von wütenden, fröhlichen, traurigen oder angeekelten Gesichtsausdrücken führt also nicht wie bei den meisten Menschen zu einem spontanen und unreflektierten Mitschwingen, sondern wird synthetisch bzw. spontan gar nicht wahrgenommen" (Tebartz van Elst 2016, S. 30).

Damit einher geht zudem eine mangelnde Wahrnehmung der Sprachmelodie. So wird bei autistischen Menschen das Gehörte oft auf das rein sprachlich Vorgetragene konzentriert. Sprachmelodische „Untertöne", die auf Angst oder Ironie hinweisen, werden nicht wahrgenommen und es kommt zu Missverständnissen, die dazu führen, dass sich autistische Menschen aus der Situation zurückziehen (Tebartz van Elst 2016, S. 30).

Besonders komplex wird die nonverbale Kommunikation, wenn man das Blickverhalten betrachtet. Nichtautistische Menschen sind in der Lage, anhand von Blickrichtung, Blickdauer und Intensität eines Blickes bestimmte Informationen von ihrem Gegenüber zu empfangen. Mittels Blicken kann Sympathie oder Antipathie bekundet werden, er dient dazu, Interesse zu zeigen oder eine Kontaktaufnahme einzuleiten (Vogeley 2016, S. 32 f.). Als eindrückliches Beispiel sei hier die typische Annäherung von Mann und Frau, umgangssprachlich auch als „Flirten" bezeichnet, genannt. Dieser Prozess läuft häufig zumindest in der ersten Phase ausschließlich non-verbal und nur durch Blicke gesteuert ab. Erkennen beide Personen eine gewisse Offenheit und Bereitschaft beim Interaktions-Partner – wohlgemerkt, nur anhand der Blicke – leiten sie die nächste Stufe des Kennenlernens ein und gehen bei passenden Rahmenbedingungen in die verbale Kommunikation über.

Bei autistischen Menschen ist meist gerade das Blickverhalten das auffälligste und am häufigsten beeinträchtigte Merkmal.

„Der Blick des anderen ist nicht informativ, es lässt sich daraus keine relevante Information ableiten. Autistische Menschen schauen oft andere Personen gar nicht an, da sie sich abgelenkt fühlen und sich dann nicht mehr angemessen auf ihre eigenen Sachinhalte konzentrieren können, die sie an andere vermitteln wollen" (Vogeley 2016, S. 73).

So fallen Menschen mit Autismus-Spektrum-Störungen auch dadurch auf, dass sie den Blick des Gegenübers nicht suchen, ihm ausweichen und ihr Blick scheinbar ziellos durch den Raum irrt. Ein Verhalten, welches Herr Armona auch bei Fenna beobachten kann. Sie selbst beschreibt, dass ihr Blick während der Gespräche auf bestimmten Punkten im Raum liegt. So hat sie die Kapazität, sich komplett auf das Gehörte zu konzentrieren. Ein Blickkontakt erfordert Konzentration und ist nicht intuitiv gesteuert bei Fenna. Das führt dann dazu, dass sie zwar einen (wenn auch nicht sozial modulierten) Blickkontakt herstellt, dann aber nach eigener Beschreibung das Gehörte nicht mehr verarbeiten und somit dem Gespräch nicht mehr folgen kann.

Gerade die unauffälligeren Personen mit Autismus-Spektrum-Störungen haben aber im Laufe ihres Lebens gelernt, diese Defizite in der intuitiven Wahrnehmung teils sehr geschickt zu kompensieren,

„jedoch stellt dies erhebliche Anforderungen an die Aufmerksamkeit und Konzentration in den entsprechenden Situationen, da die analytische Dekodierung emotionaler Informationsweitergabe sehr viel Zeit kostet und die Betroffenen dadurch oft deutlich verlangsamt sind" (Tebartz van Elst 2016, S. 30).

Auch Fenna gelingt es, sprachliche Klippen unter Umständen zu erkennen – wie bei der Frage des Arztes, ob sie Stimmen höre. Sie bezeichnet es als eine Art „zweigleisiges Denken", eine Matrix, die jedes gesagte Wort umgehend zu dekodieren versucht und auf sprachliche Fallstricke abklopft.

Neben Schwierigkeiten im Erkennen der emotionalen Lage anderer Personen haben autistische Menschen häufig auch nur eine eingeschränkte, für nicht-autistische Menschen kaum wahrnehmbare Palette an Ausdrucksformen der eigenen Emotionalität. Das Nichtvorhandensein oder eine gewisse Gleichförmigkeit in der Gesichtsmimik lassen Nicht-autistische Menschen folgern, dass das autistische Gegenüber nicht empathisch sei und mit keinerlei Gefühlsregung reagiere. Die Freiburger Spezialisten werten diesen Eindruck, der bei nicht-autistischen Menschen entsteht, als falsch,

> *„da es sich entweder um Schwierigkeiten handelt, die Emotionen des Interaktionspartners zu interpretieren (kognitive Empathie) oder aber für das neurotypische Gegenüber nicht die richtigen Signale gesendet werden. Im letzten Fall kommt es dann aufseiten der neurotypischen Person häufig aufgrund der fehlenden mimischen Informationen zu einer Fehlinterpretation"* (Fangmeier 2016, S. 60).

Für den Ausdruck eigener Emotionen zeigt sich bei auffallend vielen Personen mit einer Autismus-Spektrum-Störung zudem eine Besonderheit, die sogenannte Alexithymie. Damit ist gemeint, dass alexithyme Personen Probleme haben, eigene Emotionen zu erkennen und angemessen zu beschreiben. In Untersuchungen (Berthoz 2005, S. 291 ff.) zeigte sich bei Menschen mit einer Autismus-Spektrum-Störung ein höheres alexithymes Verhalten als bei der Vergleichsgruppe. Unterschieden wird dabei in zwei Formen der Alexithymie, die erste umfasst eine geringe bewusste Wahrnehmung der eigenen Emotionen sowie eine geringe verbale Ausdrucksfähigkeit eben dieser. Die autistischen Personen bei obiger Untersuchung zeigten jedoch eher die zweite Form der Alexithymie: Sie haben Schwierigkeiten, die eigenen Emotionen einzuordnen und zu beschreiben, konnten diese aber eindeutig als emotionale Erregungen wahrnehmen (Fangmeier 2016, S. 61).

Auch Fenna betonte mehrfach im Laufe der Treffen mit Herrn Armona, dass sie durchaus Emotionen habe, die entsprechenden Körperreaktionen aber nicht konkret benennen könne. Manchmal müsse sie auch erst nach Ausschlussprinzip mehrere Möglichkeiten durchgehen, bis ihr klar werde, dass das, was sie unter Umständen gerade verspürt, eine Emotion ist. Schwieriger wird es dann noch, wenn sie diese Emotion beschreiben oder sogar klar benennen soll. Interessant ist, dass sich im Laufe des Kontakts zwischen Fenna und Herr Armona eine gewisse „Grundschwingung" einstellte: So war Fenna irgendwann in der Lage, zumindest eindeutige Reaktionen Herr Armonas einzuordnen und entsprechend darauf zu reagieren. Aber auch Herr Armona gelang es zunehmend, die bei Fenna nach außen nur sehr schwach wahrnehmbare Emotionalität zu erkennen und gerade in kritischen Situationen entsprechend zu interagieren.

Eine weitere Auffälligkeit bei Menschen mit einer Autismus-Spektrum-Störung ist der Sprachgebrauch an sich. Bereits Hans Asperger erkannte, dass Kinder aus dem autistischen Spektrum Besonderheiten im Sprachgebrauch und in der Sprachentwicklung aufweisen. So lernen sie (zumindest in der Klassifizierung nach dem ICD-10 zum Asperger-Syndrom) sehr früh sprechen (Asperger 1943, S. 15) oder/und nutzen Sprache auf eine sehr eigene, frühreife, fast schon künstlerische Art:

„Auch beim Sprechen wahrt er seine unbewegliche Würde, redet langsam, fast skandierend, voll Einsicht und Überlegenheit; er gebraucht öfters ungewöhnliche Wörter, manchmal aus der dichterischen Sprache, manchmal in ungewöhnlichen Zusammensetzungen" (Asperger 1943, S. 39).

Personen mit einer Autismus-Spektrum-Störung entwickeln häufig einen fast schon lexikalischen Wortschatz, gespickt mit Fachbegriffen und technischen Termini, gleichzeitig haben sie eine starke Abneigung gegen einen unpräzisen Gebrauch von Sprache (Vogeley 2016, S. 69). Auch bei Fenna zeigt sich der Sprachgebrauch sehr auffallend, bereits in der Kindheit wurde das Umfeld hier aufmerksam. Im Laufe ihrer Entwicklung perfektionierte sie dieses fast schon Worte sezierende Sprachgefühl und wählte schließlich einen Beruf, in dem sie gerade diese Eigenschaft voll nutzen konnte.

Dem gegenüber steht das für nicht-autistische Menschen oft nicht verständliche Problem des Konkretismus, also dem wörtlichen Verstehen von Sprache. Das zeigt sich insbesondere bei der Anwendung von Metaphern, Höflichkeitsfloskeln und Sprichwörtern, die von autistischen Personen oftmals gar nicht oder nur verspätet verstanden werden. So kann es passieren, dass eine autistische Person auf die Frage, ob sie sagen könne, wie spät es ist, wahrheitsgemäß mit „Ja" antwortet – aber die Uhrzeit nicht nennt, schließlich war diese nicht Bestandteil der Frage, sondern es ging lediglich um das *Können*. Auch Sprachbilder, die der autistischen Person nicht geläufig sind, können mitunter zu Verwirrungen führen, beispielsweise die Umschreibung, dass der „Kopf platze" wegen Kopfschmerzen.

> *„Kompliziert wird diese Aufgabe weiter dadurch, dass bei sprachlichen Äußerungen gar nicht unbedingt erkannt werden kann, was metaphorisch gemeint ist und was nicht. Diese Einordnung ergibt sich erst aus dem Gesamtkontext. Für erwachsene autistische Personen sind solche semantischen Herausforderungen nur durch jahrelange Erfahrung im Umgang mit anderen einigermaßen gut zu bewältigen"* (Vogeley 2016, S. 69).

Wie wichtig der Gesamtkontext im Gegensatz zur wörtlichen Bedeutung der verwendeten (Sprach)Symbole ist, versucht die Kommunikationswissenschaft zu erörtern.

So sei das grundsätzliche Problem des Verstehens aus kommunikationstheoretischer Sicht laut Reichertz (2010, S. 158) kein Vergleich bzw. eine Übereinstimmung möglicher identischer individueller Gedanken. Es gehe vielmehr darum, die Bedeutung eines kommunikativen Aktes in den Mittelpunkt der Betrachtung zu stellen. Denn das Gemeinte.*„wird dann nicht über die Bedeutung der einzelnen Wörter, die ihre Bedeutung ‚auf ihrem Rücken tragen', sukzessive entschlüsselt, sondern die Bedeutung des kommunikativen Aktes ergibt sich aus der kommunikativen Handlung, aus dem kommunikativen Akt selbst."*

Und gerade das ist ja das Problem autistischer Personen, wie es auch Vogeley bereits geschildert hat, nämlich den kommunikativen Akt als solchen zu verstehen, und nicht nur die lexikalische Bedeutung verwendeter Symbole. Und damit geraten autistische Personen mit all den sozialen Implikationen häufig genau in die Situationen, wie sie Reichertz (2010, S. 159) überspitzt im Kontext der Diskussion der allgemeinen menschlichen Verstehensleistungen beschrieben hat:

„Verstehen ist keine Privatsache, obwohl es sich im Privaten vollzieht. Wer nicht versteht, was der andere ihm zu verstehen geben will, den schickt man zuerst zum Ohrenarzt und neuerdings zunehmend zum Neurologen. Zugleich lehrt man ihn explizit, was die Worte bedeuten, die es zu verstehen gilt – und zwar so lange bis er versteht zu verstehen. Wenn all das nicht hilft, dann baut man eine gläserne Wand um ihn. Dann sieht es noch so aus, als würde er mitspielen, doch er spielt in dem Spiel keine Rolle mehr. Rollentheoretisch füllt er allerdings die Rolle desjenigen aus, der nicht versteht, was hier eigentlich los und was deshalb zu tun ist."

Oftmals hört man von Laien, dass autistische Menschen humorlos seien. Korrekt ist jedoch, dass der Humor von

Menschen mit einer Autismus-Spektrum-Störung lediglich anders gestaltet ist als der von nicht-autistischen Menschen.

> *„So können etwa Wortspiele interessant und lustig sein [...] oder Klänge von Wörtern, die amüsant erlebt werden [...]"* (Vogeley 2016, S. 71).

Auch Tony Attwood (2012, S. 257) beschreibt diesen idiosynkratischen Humor und die eigenständige und durchaus kreative Sicht auf Sprache bei vielen seiner Patienten und *„sie gehört zu den liebenswertesten und wahrhaft kreativen Aspekten des Asperger-Syndroms."* So geschah es in den Treffen zwischen Fenna und Herr Armona häufiger, dass allein der Klang eines bestimmten Wortes große Heiterkeit bei Fenna auslöste. Andere Worte haben den genau gegenteiligen Effekt, sodass sie von Fenna, obwohl im Alltagsgebrauch eigentlich üblich, nicht genutzt werden. Das gilt nicht nur für den Klang von Worten, auch geschriebene Worte lösen unter Umständen rein von der Anordnung der Buchstaben her Heiterkeit oder Ablehnung aus.

Ein für nicht-autistische Personen oft irritierendes Verhalten ist das beharrliche Schweigen von autistischen Menschen in unübersichtlichen, unsicheren oder schwierigen Situationen. Das führt dazu, dass auch Gesprächseinstiege mit autistischen Personen eher zögerlich erfolgen.

> *„Die betroffene Person redet üblicherweise nur dann, wenn es auch Sachinhalte zu besprechen gibt"* (Vogeley 2016, S. 71).

Der Gedankengang dahinter ist – zumindest aus autistischer Sicht – konsequent logisch: Gibt es nichts zu sagen, dann sagt man auch nichts. Würden nicht-autistische Menschen in dem Fall, dass Sachinhalte ausgehen und beklemmendes

Schweigen zu entstehen droht, auf belanglosen Small-Talk ausweichen, so ist das bei Menschen mit Autismus-Spektrum-Störungen nicht der Fall:

„Missverständnisse sind hier für erwachsene Personen mit autistischen Störungen vorprogrammiert. Oft genug ist der Sinn eines solchen Gesprächs nicht nachvollziehbar. […] So erscheint es schlechthin sinnlos, mit einem Taxifahrer über das Wetter zu reden: Da beide Gesprächspartner die Wetterlage unmittelbar vor Augen haben, gibt es ja hier nichts sinnvoll auszutauschen" (Vogeley 2016, S. 65).

5.2 Zwischengedanken

Fenna
Das war ein Reinfall. Und irgendwie klassisch. Ich kenne solche Situationen, die sich gerade bei Ärzten bis ins Groteske steigern können. Ich komme mit einer medizinischen Frage zu Sachverhalt A, gehe aber mit einem Rezept und vielen Weisheiten zu Sachverhalt B, der eigentlich nichts mit mir zu tun hat. Es ist – ja, frustrierend trifft es wohl. Und ermüdend.

Ich merke, dass die Wartezimmer-Situation mich geschlaucht hat. Und das Arztgespräch nur verwirrend und ermüdend war. Der Druck im Hinterkopf, der das Denken träge macht, meldet sich verstärkt. Ich bin wieder an dem Punkt, an dem es mir eigentlich zu viel ist. Genau das sollte ja eigentlich nicht passieren. Vor allem nicht bei Dingen, die für andere Menschen offenbar simpel und alltäglich sind.

Herr Armona
Ich bin unzufrieden. Wir sind keinen Schritt weiter gekommen. Ich ärgere mich auch, dass das mit dem Brief

offenbar nicht geklappt hatte. Ich wollte den Arzt zuvor telefonisch erreichen. *Das klappte aber nicht.* Darum dann der Brief. *Für die Zukunft ist es ratsamer, wenn ich vorab mit dem Arzt alleine spreche.*

Fenna
Ich frage mich – wie so häufig nach solchen Situationen – was ich eigentlich an mir habe, dass ich offenbar wie ein Alien wirke. Dass es mir nicht gelingt, in einem fünfminütigen Arztgespräch die Dinge klar an den Mann zu bringen und dabei so aufzutreten, dass nicht nur mein Befinden, sondern auch meine Zustandsbeschreibung darüber infrage gestellt wird. Ich glaube, nach so vielen Jahren, in denen sich das immer und immer wiederholt, kann ich nur schwer behaupten, dass diese kommunikativen Katastrophen die „Schuld" der anderen seien.

Herr Armona
Ich hatte gehofft, dass wir zu dritt über die Schlafstörungen von Fenna reden, eventuell medikamentöse Optionen in Betracht ziehen. Damit ihre permanente Müdigkeit gelindert wird.
Auch Aspekte einer möglichen Mangelernährung hätte ich gerne etwas ausführlicher besprochen. Aber offenbar ist es mir nicht gelungen, mein Problembewusstsein zu vermitteln.

Fenna
Insgeheim hatte ich ja doch die Hoffnung, dass das anders ablaufen kann, wenn jemand dabei ist, der die Situation von außen steuert. Ich komme mir nach solchen Momenten immer vor wie ein Idiot. Die Tatsache, dass Herr Armona da nicht gegensteuern konnte, zeigt mir aber

zumindest, dass dieses Problem in der Kommunikation tatsächlich existiert. Das diese imaginäre Glasscheibe, die zwischen mir und dem Rest der Welt zu stehen scheint, kein reines Konstrukt ist. Denn manchmal glaube ich schon, dass ich einfach nur verrückt bin…

Herr Armona
Ich werde mit Fenna über diesen Besuch noch ausführlicher reden. Mich interessieren ihre Wahrnehmung und ihre Meinung. Ich habe aber auch gesehen, wie schwer ihr offenbar der Kontakt zur Außenwelt gelingt, wenn dort normaler Alltagswusel ist. Wie sehr sie als Fremdkörper auf ihre Mitmenschen wirkt. Und wie sehr sie missverstanden wird.

Fenna
Es sind noch Fragen geblieben, die ich ansprechen möchte. Dinge, die ich noch nicht ganz verstehe. Zum Beispiel, warum der Arzt mich für ängstlich gehalten hat. Was ihn wohl zu dem Trugschluss gebracht hat? Und ich muss klären, ob ich wirklich der Alien bin – oder der Arzt in Teilen auch nicht adäquat reagiert hat. Ich kann das nicht beurteilen, aber ich hoffe, dass Herr Armona es kann. Ich werde die Fragen beim nächsten Mal stellen. Heute kann ich das nicht mehr.

Herr Armona
Diese Probleme, wie sie jetzt aufgetreten sind, betreffen nicht nur Arztbesuche, sondern wohl alle öffentlichen Plätze, wie zum Beispiel Kaufhäuser und Lebensmittelmärkte. Und sie werden wahrscheinlich auch Folgen haben. Auch darüber werde ich noch ausführlicher mit ihr reden. Wenn sie das möchte.

5.3 Briefe

Hallo Herr Armona,

ich hatte den Eindruck, mich heute nicht wirklich verständlich machen zu können. Daher versuche ich auf diese Art noch einmal, es „übersichtlicher" zu machen.

Mir sind zum Arztbesuch einige Fragen gekommen: So war mir erstens nicht bewusst, dass ich „ängstlich" wirke. Mir war die Situation extrem unangenehm, da ich die Erfahrung gemacht habe, dass Ärzte meine Grenzen nicht wahrnehmen oder ignorieren. Zum anderen hatte ich nach Arztbesuchen häufiger den Eindruck, dass ich mit einem Thema aus einer Praxis komme, mit dem ich ursprünglich gar nicht in die Praxis gegangen bin. Schlicht, weil die Ärzte die „falschen" Fragen gestellt haben und damit das Gespräch in eine ganz neue Richtung gelenkt haben – das Eigentliche ging aber unter.

Ich fand die Praxis sehr laut und unübersichtlich, das Knattern des PCs und vor allem der laute Drucker und die Gespräche aus dem Nebenraum fand ich sehr störend. Jedoch hatte ich meinerseits nicht das Gefühl, ängstlich zu sein. Überfordert – ja.

In Bezug auf die Blutprobe muss ich vielleicht auch eine Erklärung nachschieben, die für mich so offenkundig war, dass ich nicht dachte, dass ich darauf eingehen muss. Ich habe weder ein Problem mit Spritzen noch mit Blut. Auch in Bezug auf Schmerzen habe ich keine Bedenken oder was das Können der Arzthelferin anbelangt. Mir ging es lediglich darum, dass ich nicht angefasst werden wollte – und das lässt sich bei einer Blutabnahme nicht vermeiden. Wenn ich die Abnahme selbst vornehmen könnte, dürfte der Arzt soviel Blut haben, wie er möchte.

Eine weitere Frage betrifft die Vitamin-Mangelerscheinung. Die Erklärung leuchtete mir soweit ein. Allerdings verstehe ich nicht, warum das – gesetzt dem Fall, dem ist so – nicht bereits weit im Vorfeld aufgefallen ist.

Nichtsdestotrotz werde ich die Tabletten nehmen. Schaden können sie offenbar nicht und vielleicht sind sie ja doch das „Wundermittel", nach dem ich so lange suche…

Liebe Grüße,
Fenna.

Hallo Fenna,
Ja, Sie wirkten ängstlich. So wirken Sie vermutlich oft auf die Menschen. Ängstlich, schüchtern, verstört, durcheinander – eine Mischung von allem. Das liegt daran, dass Sie konsequent den Blickkontakt vermeiden und ihr Gesicht keine Regungen zeigt. Zumindest für die meisten Menschen. Wer Sie kennt, kann schon etwas in Ihrem Gesicht „lesen". In erster Linie ist es wohl Ihr recht starrer und eingefrorener Gesichtsausdruck. Hinzu kommt, dass Sie sehr lange einzelne, für andere nicht nachvollziehbare Punkte im Raum fixieren. Ihr gesamter Körper wirkt angespannt und vermittelt den Eindruck, nicht kommunikationsbereit zu sein. Insgesamt vermitteln Sie (ungewollt) einen Eindruck, der offensichtlich häufig von den Mitmenschen wie folgt interpretiert werden könnte: ängstlich, geschockt, traumatisiert, psychostisch. Das sorgt für Verunsicherung bei vielen Mitmenschen.

Dieser Umstand verwirrt auch die Ärzte vermutlich so sehr, dass Ihr eigentliches Anliegen dadurch zweitrangig wird. Hier müssten Sie sich erklären und „stur" an Ihrem Anliegen festhalten, also etwas offensiver in der Gesprächsführung werden.

Ja, die Praxis ist laut und wuselig. Ich hatte mir den Besuch auch etwas anders vorgestellt. All das zeigt aber auch wieder, wie wenig soziale Interaktionen letztlich geplant werden können.

Wundermittel werden die Tabletten jedoch nicht sein, eher die Abwendung von noch schlimmeren Dingen.

Meines Erachtens ist es wichtig, dass wir uns erst einmal um Ihre Ernährung kümmern. Wäre es für Sie in Ordnung, wenn ich Sie bei einem Einkauf begleite?
Herr Armona.

Literatur

Asperger, H. (1943). *Die „autistischen Psychopathen" im Kindesalter*. Habilitationsschrift: Universitäts-Kinderklinik Wien.

Attwood, T. (2012). *Ein ganzes Leben mit dem Asperger-Syndrom* (2. Aufl.). Stuttgart: Trias.

Berthoz, S. (2005). The validity of using self-reports to assess emotion regulation abilities in adults with autism spectrum disorder. *The journal of the Association of European Psychiatrists, 20*(3), 291–298.

Fangmeier, T. (2016). Pathogenetische Modelle. In T. L. van Elst (Hrsg.), *Das Asperger-Syndrom im Erwachsenenalter und andere hochfunktionale Autismus-Spektrum-Störungenen* (2. Aufl.). Berlin: MWV Medizinisch Wissenschaftliche Verlagsgesellschaft.

Reichertz, J. (2010). *Kommunikationsmacht. Was ist Kommunikation und was vermag sie? Und weshalb vermag sie das?* Wiesbaden: VS Verlag.

van Elst, L. T. (2016). *Das Asperger-Syndrom im Erwachsenenalter und andere hochfunktionale Autismus-Spektrum-Störungenen* (2. Aufl.). Berlin: MWV.

Vogeley, K. (2016). *Anders sein. Autismus-Spektrum-Störungen im Erwachsenenalter* (2. Aufl.). Weinheim: Beltz.

6

Der Einkauf

Fenna

Ich bin unschlüssig. Herr Armona hat das Thema „Einkaufen" angesprochen. Das ist zwischenzeitlich fast so ein unangenehmes Thema wie die Nahrungsmittelzufuhr generell. Unangenehm deshalb, weil ich mich darüber ärgere, dass mir etwas, was anderen vollkommen selbstverständlich scheint, nicht adäquat erledigen kann.

Normalerweise habe ich meinen festen Laden. Dort kenne ich „meine" Produkte, weiß, wo sie stehen. Da ist es einfach. Ich betrete den Laden, laufe meine „Spur" ab, sammle an den Wegpunkten die Produkte ein und gut ist. Aber „mein Laden" ist mehrere hundert Kilometer entfernt. Dazu kommt, dass ich einen neuen Kühlschrank habe und dieser kein Tiefkühlfach hat. Damit fällt ein Teil der Produkte weg, die ich sonst immer kaufe und ich weiß nicht, wie ich diese Produkte ersetzen kann. Beide Situationen zusammen führen in eine komplette Überforderung, scheint mir. Ich weiß nicht, wo ich einkaufen kann und ich weiß nicht, was ich einkaufen kann. Daher lasse ich es sein. Und komme mir dabei ziemlich dämlich vor.

Aber ich weiß, dass es sein muss. Also willige ich ein, als Herr Armona einen gemeinsamen Einkauf vorschlägt, am Abend. Vielleicht wird das ganze scheinbar so banale Thema dann einfacher.

Herr Armona
Sie hat seit einigen Tagen kaum gegessen und getrunken. Sie hat kein Gefrierfach mehr. Sie geht nicht einkaufen. Ich meine auch, dass ich ihr den Mangel an Flüssigkeit und Ernährung anmerke. Ihre ganzen Vorräte sind aufgebraucht, sie macht aber keinerlei Anstalten, einkaufen zu gehen. Ich würde mich selbst der unterlassenen Hilfeleistung im akuten Notfall bezichtigen, wenn ich ihr jetzt nicht helfe. Einerseits. Andererseits interessiert es mich sehr, Fenna einmal beim Einkaufen zu begleitet und zu beobachten. Zu sehen, wie sie sich orientiert, sich bewegt, sich insgesamt verhält.

Immerhin, dass Futter für ihre Tiere kann man ja über das Internet bestellen. Die sind also bestens versorgt.

Ich biete ihr kurzfristig einen Termin an. Um 19 Uhr. Wohl wissend, dass kurzfristige Termine ein Problem sind. Ich kann aber nur dann, und sie sollte möglichst schnell wieder essen und trinken. Sie willigt ein. Sie fragt, ob um 19 Uhr denn noch die Läden geöffnet wären.

Fenna
Ich weiß nicht, was Herr Armona genau vorhat. Das hatten wir nicht im Detail besprochen und es macht mich unsicher. Will er, dass ich ihn durch den Laden führe – was ich nicht kann, weil ich keinen dieser Läden kenne. Will er vielleicht, dass ich komplett fremde Sachen einkaufe – was mit Sicherheit nicht passieren wird. Ich ärgere mich, dass

ich nicht genauer nachgefragt habe und überlege krampfhaft, wie ich nun mit dieser Dreifach-Situation – neuer Laden, kein Tiefkühlfach und „Anhang" beim Einkaufen – umgehen kann. Die Situation ist aus der Not geboren, wirklich glücklich bin ich damit aber nicht.

Als wir auf dem Parkplatz vor dem hell erleuchteten Laden stehen, möchte ich am liebsten wieder gehen. In meinem Kopf laufen die Szenarien ab, wie ich sie schon zu häufig erlebt habe. Etwas ist nicht da oder steht an der falschen Stelle und ich suche und suche und suche. Oder der Laden ist überfüllt mit Menschen, das Licht ist zu hell, die Geräusche zu laut, das gesamte Verpackungszeug in den Regalen zu bunt und durcheinander.

Ich habe mich mit Herrn Armona darauf geeinigt, dass ich trotz fehlendem Tiefkühlfach die gefrorenen Sachen kaufe. Auch aufgetaut sind sie bis zu vier Tage im Kühlschrank haltbar, das sollte reichen. Heißt aber im Umkehrschluss, dass ich dann fast jeden Tag einkaufen müsste – wenn ich es denn täte. Wieder ärgere ich mich, dass es so kompliziert ist.

Herr Armona
Ich hole sie ab. Pünktlich. Wie immer. Bei Fenna bin ich immer sehr pünktlich. Für meine Verhältnisse. Wir fahren los, direkt zum Discounter.

Es muss eine ganz bestimmte Nudelsorte sein, ein ganz bestimmtes Tiefkühlgemüse, ein ganz bestimmtes Wasser. Marke und Verpackungsgröße müssen stimmen. Wir stehen auf dem Parkplatz. Bevor wir aussteigen, frage ich, wie wir nun vorgehen sollen. Ich sage, dass mir meine Rolle für die Begleitung jetzt beim Einkauf etwas unklar wäre. Sie antwortet, dass wir dann schon zwei wären, die sich unsicher bezüglich der bevorstehenden Rollen wären. Wir lachen, steigen aus, und gehen in den Laden.

Fenna
Ich mag es nicht, wenn ich aus dem Dunkel ins Licht komme. Der plötzliche Wechsel der Lichtverhältnisse ist unangenehm, fast schmerzhaft. Der Laden hat Neonröhren, die ein beständiges, tieffrequentes Summen verursachen. Ein Geräusch, das man mehr fühlt als hört. Immer wieder unterbrochen vom schrillen Piepen einer Kasse und einem durchgehenden Knattern, das ich einfach nicht zuordnen kann. Das Licht ist grell und wird von den verspiegelten Lampen noch reflektiert.

Im Regal stapeln sich bunte Verpackungen, lila, blau, gelb, grün – bevor es mir im wahrsten Sinne des Wortes zu bunt wird, fixiere ich die Linien auf dem Boden. Die Fließen sind gelb mit Flecken, aber sie ergeben ein sich wiederholendes Muster, klare Linien.

Diese Läden sind wie ein Gefängnis, denn wenn sich die Schiebetür hinter einem geschlossen hat, kann man nicht mehr hinaus. Man muss erst durch den halben Laden, um zum Ausgang zu gelangen. Versperrte Fluchtwege sind auch Dinge, die ich eindeutig nicht mag.

Herr Armona
Sie bewegt sich unsicher, und sie orientiert sich an meinen Bewegungen. Ein Deckengebläse macht höllischen Lärm. Die Kasse piept laut. Überall Lichter. Es ist grell.

In meiner Gedankenlosigkeit gehe ich am Wasser vorbei. Als ich das merke, bleibe ich stehen, Fenna dann auch sofort. Ich sage: „Oh, wir sind am Wasser vorbeigegangen". Ich gehe zurück. Auch Fenna dreht sich um und begleitet mich zurück zum Wasser. Ich meine, einen Anflug von Genervt sein auf ihrem Gesicht zu erkennen. Sie nimmt schließlich eine Sechserpackung von der Palette.

Nun laufe ich schnurstracks zur Gefriertheke. Ich ahne natürlich schon die kleine Katastrophe. Ja, es ist zwar das Gemüse da, aber von der falschen Marke.

Fenna
Nach einem kurzen Irrweg finden wir doch das Wasser. Ich versuche, mir die Position zu merken – sollte ich tatsächlich noch einmal hierher kommen, werde ich die Schritte von der Tür bis zur Palette zählen, dann finde ich es wieder. Für einen Moment habe ich die Illusion, dass alles klappen könnte.

An der Tiefkühltheke ist mein Produkt nicht da. Nur von einer Marke, die ich nicht kenne. Ich suche die Theke mit Blicken ab – nichts. Irgendwo in meinem Kopf entsteht das Bild einer ähnlichen Situation, bei der ich mich mehrere Minuten lang durch die Tiefkühltheke gewühlt habe, immer und immer wieder und dabei stets panischer werdend. Als irgendwann ein Verkäufer sagte, dass das Produkt aus dem Sortiment genommen worden sei, war das für mich Grund genug, um ein Haar in Tränen auszubrechen. Und den Laden nicht mehr zu betreten.

Auch jetzt merke ich, wie sich eine unangenehme Grundstimmung breit macht. Ich überlege, ob ich mich die Theke durchsuchen soll, aber es sieht vielmehr so aus, als hätte der Laden mein Produkt nicht gehabt. Aber ohne dieses Produkt kann ich nicht weitergehen, nicht bezahlen. Ich wollte nur diese wenigen Sachen. Sekunden vergehen, vielleicht sogar eine Minute. Ich weiß nicht, was ich machen soll. Meist enden solche Situationen damit, dass ich alles, was ich eingepackt habe, hinstelle und den Laden mit leeren Händen verlasse. Da klinkt sich plötzlich Herr Armona ein, sagt, dass wir das Wasser kaufen und dann gehen werden.

Herr Armona
Fenna steht wie versteinert neben mir und findet offenbar keinen Anschluss-Fahrplan für weitere Verhaltensoptionen. Ich sage: „Egal, wir kaufen jetzt das Wasser und fertig". Sie sagt „OK".

Wir gehen zur Kasse. Auf dem Weg dorthin fällt mir ein, dass auch ich etwas gebrauchen könnte. Ich sage es ihr, und gehe noch einmal zurück zur Kühltheke. Als ich wieder zurückkomme, steht sie noch immer etwas ratlos an gleicher Stelle. Wieder dieser leichte Anflug von Missbilligung im Gesicht geschrieben.

Wir kommen sofort dran, keine Schlange an der Kasse. Erst zahle ich. Dann zahlt sie, 2 EUR nochwas mit EC-Karte. Die Kassiererin blickt unsicher zu Fenna, dann zu mir, dann weder noch. Ich spüre aber den Blick der Kassiererin im Rücken, als wir den Laden verlassen.

Fenna

Plötzlich verschwindet Herr Armona. Er bräuchte noch etwas – sprach's und verschwindet. Ich bleibe stehen, irgendwo zwischen Tiefkühltheken und Obstabteilung. Ein Mann mit einem Einkaufswagen kommt an mir vorbei. Das Geräusch der Räder auf dem Boden ist unangenehm, gleichzeitig wird mein Blick fast magisch vom vorderen linken Rad angezogen. Ein Zettel klebt daran, bei jeder Drehung verändert sich das Geräusch, sobald das Papier über den Boden fährt. Die drehende Bewegung ist faszinierend und ich bleibe weiter mit den Augen dran kleben.

Unvermittelt taucht Herr Armona wieder auf. Und steuert die Kasse an. Während er vor mir bezahlt, lege ich mir bereits meine Sätze zurecht. „Hallo" zur Begrüßung, „Mit Karte, bitte", wenn es ans Bezahlen geht und die Kassiererin den Preis genannt hat und „Tschüss" beim Gehen. Meist reicht das aus.

Ich zahle fast jeden Preis mit Karte – so vermeide ich, dass mir die Kassiererin das Geld in die Hand geben muss. Es ist am Unkompliziertesten. Ich habe in einem anderen Laden mal eine Kundin gesehen, die das Wechselgeld hingelegt bekommen wollte. Die Kassiererin tat es, doch als die Kundin anschließend weg war, lachte sie mit ihrer Kollegin über die „Bekloppte". Und erzählte dem nachfolgenden Kunden, dass es öfter mal „Spinner" im Laden gebe. Wenn ich mit Karte bezahle, bleibe ich unauffällig. Und vermeide die Berührung.

Herr Armona
Jetzt fehlt noch das Gemüse. Ich schlage ihr vor, zu einem anderen Laden zu fahren, der diese Marke hat. Nach einiger Überlegung willigt sie ein. Dort angekommen, frage ich, ob sie mit rein möchte. Nein, sie warte lieber im Auto. Ich beeile mich, nach einigen Minuten bin ich mit der richtigen Sorte in der richtigen Verpackungsgröße wieder am Wagen und steige zu ihr ein.

Fenna
Ginge es nach mir, würden wir wieder zurück fahren. Aber Herr Armona bleibt am Tiefkühlprodukt hängen. Er möchte es in einem anderen Laden besorgen. Der einzige weitere Laden in der Nähe ist noch unübersichtlicher und viel voller. Eigentlich möchte ich nicht. Ich habe das Wasser, das reicht doch. Allerdings bin ich mir sicher, dass Herr Armona das anders sehen wird.

Er scheint mein Unbehagen zu merken, denn er bietet an, dass er schnell in den Laden geht und das Produkt holt. Ich willige ein und frage mich gleichzeitig, ob das auch bedeutet, dass ich zu langsam bin. Da er den Schlüssel stecken lässt, geht das Licht im Wagen nicht aus. Ich schalte es manuell aus. Als er wieder da ist, merkt er nicht einmal, dass das Licht beim Türöffnen nicht angeht.

Herr Armona
Wir fahren zurück. Ich möchte sie eigentlich direkt aussteigen lassen und dann wieder fahren. Doch sie stellt ungefragt eine Frage, was selten genug vorkommt. Wir kommen ins

Gespräch, ich stelle den Motor ab. Wir klären noch einige andere Dinge. Quatschen noch über den Blog. Dann verabschieden wir uns.

Ich denke, dass ich schon viel früher mit ihr hätte einkaufen gehen können. Durch solche Aktionen lerne ich sie viel besser zu verstehen, als durch Gespräche im geschützten Raum oder durch schriftliche Dialoge. Der Einkauf war für sie sicherlich eine Tortur. Für mich interessant und spannend. Letztlich wird sie sich dieser Einkaufssituation immer wieder stellen müssen.

6.1 Zwischengedanken

Fenna
Ich stehe in meiner Wohnung, mit der Tiefkühlpackung und dem Wasser. Und starre in den Kühlschrank. Jetzt habe ich zwar meine Produkte, aber kein Tiefkühlfach. Der ganze Aufwand und es passt doch nicht. Irgendwo finde ich eine Schüssel, schütte die Sachen um – sonst schmecken sie nach Pappe. Aber die Schüssel im Kühlschrank ist nicht richtig. Der Einkauf war nicht richtig. Nicht mein Laden, nicht meine Produkte.

Früher hatte ich einen Laden, da habe ich alles bekommen. Hier muss ich in mindestens zwei Läden – ein Laden zu viel. Ich weiß nicht, ob das auf Dauer klappen kann.

Herr Armona
Wie soll es weitergehen? Ich bin unsicher. Mal wieder. Andererseits sind vielleicht Teile des grundsätzlichen Problems, also der Müdigkeit und der Konzentrationsprobleme, auf mangelnde Ernährung zurückzuführen. Und das sind lösbare Probleme. Sofort lösbare Probleme. Theoretisch.

Praktisch geht es nun darum, zunächst die tägliche Mindestversorgung sicherzustellen. Das Gefrierfach muss funktionieren. Lösbar. Fenna muss deutlich regelmäßiger essen und trinken. Theoretisch lösbar. Die eingeschränkte Produktpalette an Nahrungsmitteln sollte etwas erweitert werden. Lösbar, aber zugegebener Weise eine große Herausforderung.

Ich habe einen Plan, werde ihn mit ihr demnächst besprechen. Sie muss letztlich entscheiden, sie gibt die Geschwindigkeit an. Und natürlich die Richtung. Ich bin zuversichtlich. Ja, doch. Zuversichtlich.

Fenna

Langsam geht mir auf, dass das so nicht funktioniert. Diese Blockade im Denken, das muss sich ändern. Zumindest soweit, dass ich in irgendeiner Form etwas einigermaßen „normal" erledigen kann. Und sei es nur, auf Produkt B auszuweichen, wenn A nicht mehr da ist. Oder einen Ersatz-Laden zu haben, wenn der eigentliche zu voll ist.

Sobald ich daheim bin, klappt das in der Theorie ganz gut. Stehe ich vor Ort, scheitert all das an der Praxis. Dann geht mein Ersatzplan verloren, weil der ursprüngliche Plan nicht eingehalten werden konnte.

Wäre ich alleine gewesen, hätte ich nicht mal das Wasser gekauft. In einen zweiten Laden zu gehen – auf die Idee wäre ich wohl schlicht gar nicht gekommen. Nein, es ist eindeutig. Es muss sich was ändern. Und zwar bald.

Herr Armona

Es gibt bestimmte Zeiten in der Woche, die besser sind. Zum Beispiel dienstags um 11 Uhr. Dann gehen kaum Menschen einkaufen. Das muss beobachtet werden. Sie kann für die ganze Woche einkaufen. Sie kann sich eine eigene, eine richtige Struktur aufbauen. Darum geht es.

Ich suche noch eine geeignete Person, die dabei helfen kann. Da gibt es Möglichkeiten. Bis dahin werde ich das wohl übernehmen müssen. Zum Beispiel kochen. Ich werde einmal mit Fenna kochen. Vielleicht einmal zur Abwechslung etwas Öl an die Nudeln. Hochwertiges Öl. Vielleicht auch einmal Kartoffeln statt Nudeln. Und weiterhin regelmäßig Äpfel. Sie muss letztlich entscheiden, sie gibt die Geschwindigkeit an. Und natürlich die Richtung. Ich bin zuversichtlich. Ja, doch. Immer noch zuversichtlich.

Und dann, erst dann, wenn die Ernährung funktioniert, können alle weiteren Schritte geplant werden. Sie muss entscheiden.

6.2 Briefe

Hallo Herr Armona,

In den vergangenen Tagen sind mir einige Dinge im Alltag aufgefallen, die ich auch in der Vergangenheit immer wieder beobachten konnte. Vielleicht haben Sie eine Erklärung für mich. Ich bemühe mich auf der Arbeit in der Regel um ein „unauffälliges Verhalten", auch wenn mir das wahrscheinlich nur semioptimal gelingt. Immer wieder kommt es vor, dass ich nicht mit Namen, sondern nur mit Personalkürzel angesprochen werde (also der erste Buchstabe des Vor- und die ersten beiden Buchstaben des Nachnamens). Das Phänomen ist mir bislang in fast jeder Arbeitssituation aufgefallen – selbst dann, wenn die Kollegen sich untereinander mit dem Namen ansprechen. Ich bin nicht wirklich namensaffin, trotzdem irritiert mich das ein wenig.

Ich war heute wegen des Feiertags nicht arbeiten und der Tag recht ruhig. Aber mir ist verstärkt aufgefallen, wie sehr mich meine Katze im Moment stört. Aktuell weiß ich kaum, wie ich mit dem Tier umgehen soll. Ich habe den Eindruck, als würde er sich wie ein Elefant durch die Wohnung bewegen. Ich höre ihn, wenn er durch die Räume läuft und wenn er übers Dach geht. Besonders schlimm ist sein Spieltrieb, er rutscht dann auf Teppichen durch die Wohnung oder kickt Bälle durch die Gegend. Warum macht mich das im Moment so wahnsinnig und wie kann ich das wieder in den Griff bekommen, ohne dem Tier gegenüber ungerecht zu sein?

Ich hatte am Dienstag noch einen Gedanken, bei dem ich nicht wusste, ob es klug ist, da näher drauf einzugehen. Aber vielleicht erklärt es etwas. Sie hatten sich meiner Erinnerung nach gewundert, dass kein schulisches Hilfssystem angesprungen sei während meiner Schulzeit. Ich habe da auch noch einmal drüber nachgedacht und glaube, dass das damals auch gar nicht möglich gewesen wäre. Im Kindergarten und in der Grundschule konnte ich von wenigen kleineren Konflikten abgesehen recht unauffällig mitlaufen. Ich war lieber alleine, das ist auch durchaus aufgefallen, aber so lange es keine Konflikte mit Lehrkräften gab, wurde ich kaum registriert – wahrscheinlich, weil Mädchen eben schüchtern sind? Meine Klassenkameraden habe ich so direkt gar nicht wahrgenommen, ich ließ sie in Ruhe, so lange man mir meine Ruhe ließ. Und es gab durchaus laute und auffällige Schüler, die teils auch sehr aggressiv waren, das war häufiger ein Thema, das die Lehrer beschäftigte.

In den zwei Jahren, die ich auf der ersten weiterführenden Schule war, waren die Konflikte hingegen wesentlich heftiger – allerdings habe ich die Ursachen und Anbahnungen dieser Konflikte nie kommen sehen. Es kam immer wieder zu Gängeleien, vor allem vonseiten zweier Lehrkräfte. Letzten Endes und nach gut zwei Jahren konfrontierte man meine Eltern und mich überraschend mit einer Schulsuspendierung. Meine Eltern suchten daraufhin das Gespräch mit den Lehrkräften, allerdings liefen sie hier gegen eine sprichwörtliche Wand. Die Suspendierung sei auf Anraten des Schulpsychologen geschehen, den ich bis dahin und auch danach nie zu Gesicht bekommen hatte. Heute weiß ich, dass diese Suspendierung so auch keineswegs erlaubt war, es gab keine Klassenkonferenz, keine Elterngespräche – und auch in der Schulakte tauchte diese Suspendierung nicht auf, wie ich Jahre später erfuhr. Trotzdem legte mir die Schule auf, dass ich – wieder auf Anraten des Schulpsychologen – in der Woche, die ich zu Hause verbringen musste, das Haus nicht verlassen und keinen Kontakt zu Klassenkameraden haben durfte. Das war der Punkt, an dem meine Eltern sich entschlossen, mich von der Schule zu nehmen. Damals wussten sie schlicht nicht, dass weder die Suspendierung rechtens oder gar genehmigt war, noch dass die Schule das Recht hatte, mir einen Hausarrest und eine Kontaktsperre aufzuerlegen.

Nach dem Schulwechsel war mein Misstrauen dann natürlich entsprechend groß. In der neuen Schule hielt ich mich von Lehrern und Schülern gleichermaßen fern, auch wenn hier die Bosheiten vor allem von Klassenkameraden ausgingen.

Ich weiß nicht, ob das Ihre Frage beantwortet, warum kein „Hilfssystem ansprang", wie Sie es formulierten. Ich würde behaupten, dass selbst wenn diese Systeme „ansprangen" sie keine Chance hatten, das Ziel zu erreichen – ich hatte schließlich gelernt, dass es nur ein unauffälliges Mitschwimmen ermöglicht, einigermaßen in Ruhe leben zu können.

Mit lieben Grüßen
Fenna

Hallo Fenna,
Selbst ich habe die Katze durch Ihre Erzählungen als massive Belastung für Sie spürbar wahrgenommen. Natür-

lich kann das Tier nichts dafür, dass es nun mal bei und mit Ihnen lebt und versorgt werden muss. Aber ich habe den Eindruck, dass Sie in kritischen Phasen (wie letztes Wochenende) über Ihr übliches Maß hinaus höchst sensibel auf äußere Reize reagieren. Die Katze gehört dann auch dazu. Vielleicht spürt die Katze auch Ihren erhöhten Erregungszustand und wird dadurch noch lebhafter und selbst „besorgt". Wie auch immer, letztlich müssen Sie die folgenden Fragen abwägen:

- *ist die Katze in meinem Leben eine Bereicherung?*
- *bin ich für die Katze eine Bereicherung, ein gutes „Frauchen"?*
- *kostet mich die Katze zu viel Kraft im Alltag? Stört sie mich zu oft?*

Eine richtige oder falsche Antwort gibt es dabei wohl nicht. Fragen Sie Ihren Verstand und dann Ihr Herz.

Eine weitere Möglichkeit besteht darin, die störenden Verhaltensweisen in Ihrer Wahrnehmung zu restrukturieren. In der systemischen Beratung nennt man das „Reframing". Sehen Sie die positiven Seiten: „Aha, die Katze spielt auf dem Dach und scheint zufrieden zu sein. Wie schön, dass ich das hören und miterleben kann. Zumindest er ist fröhlich und ausgelassen." Sie wissen schon, wie ich das meine....

Der Bericht von Ihrer Schullaufbahn ruft auch beim wiederholten Lesen bei mir Entsetzen hervor. Einige Dinge hatte ich davon noch nicht ganz verstanden, das werde ich aber in unserer nächsten Sitzung genauer nachfragen.

Liebe Grüße
Herr Armona

Hallo Herr Armona,
  ich würde die Katze um keinen Preis der Welt mehr hergeben. Ich kann sie nicht einfach abschieben. Sie kommt, wenn sie mich nach Hause kommen hört und

obwohl man Katzen eine gewisse Launenhaftigkeit nachsagt, hat er mich noch nie gebissen oder auch nur gekratzt. Seitdem ich mich um sie kümmere, habe ich zumindest eine gewisse Struktur in meine Einkäufe bekommen. Ich habe kein Problem damit, wenn ich mit einem leeren Kühlschrank zu Hause sitze, aber für die Katze käme das nie infrage, also muss ich mich in regelmäßigen Abständen ins Kaufhaus wagen, um Futter zu kaufen. Ich bin das Problem und nicht die Katze.

Heute gab es viele kleine Begebenheiten, daher weiß ich nicht genau, welche relevant sind. Da war die Kollegin, die mir gemailt hat, dass sie heute nicht arbeiten könne, weil ihre Katze überfahren worden sei. Wie hätte ich reagieren müssen?

Da war der Kollege, der mit mir eine Diskussion anfangen wollte, weil er ein Bild von mir für die „Betriebsfest-Zeitung" wollte und sauer war, weil ich den dazugehörigen Zettel („Wenn ich einen Tag Prinzessin wäre, dann…" „Mein Lieblingswitz lautet…") auch nicht ausgefüllt habe. Aber ich möchte das auch gar nicht. Wieder die gleiche Frage: Wie hätte ich reagieren müssen? Wie kann ich kommende Woche reagieren?

Und dann ist da noch das Problem mit dem Licht. Aus irgendeinem Grund machen alle Kollegen am helllichten Tag das Licht im Büro an, die Neonröhren summen und flackern. Ich kann das Licht in meinem Büro nicht separat regeln, sondern „teile" es mir mit den Nachbarbüros. Entweder haben alle Büros das Licht an oder keines. Und die Kollegin ist der festen Überzeugung, dass sie „nichts sieht", wenn das Licht aus sei. Dabei haben wir auf beiden Seiten große Fenster in jedem Büro und die PCs sind ja auch eine Lichtquelle. Auch hier weiß ich nicht, wie ich damit korrekt umgehen kann…

Liebe Grüße
Fenna

Hallo Fenna,

Ihre Katze hat – so wie Sie es schildern und ich es beurteilen kann – ein wunderbares Leben bei Ihnen. Auch die Bindung zwischen Ihnen und dem Tier scheint sehr eng zu sein. Damit haben Sie auch die von mir gestellten Fragen eindeutig beantwortet. Und ich denke nicht, dass Sie das Problem sind, sondern vielleicht etwas differenzierter Ihre höchst sensible Wahrnehmung. Ich habe übrigens ganz viel Emotion von Ihnen verspürt beim Lesen Ihrer Zeilen zu Ihrer Katze.

Der Umgang mit Trauer ist immer sehr schwer, die Frage nach Angemessenheit ist in diesem Zusammenhang fast selbst schon wieder unangemessen. Ich meine, jeder darf so Trauern, wie er damit am besten zurechtkommt. Und jeder darf sein Beileid so äußern, wie er kann und will. Da haben allerdings viele Menschen noch eine andere Meinung, so als gäbe es ein „richtiges" Trauern. Sie sollten allerdings Ihrer Kollegin ein paar mitfühlende Worte schreiben. Allerdings nur, wenn Sie auch mitfühlen und ihr das auch mitteilen wollen. Falls Sie nicht mitempfinden, dann wird die Sache komplizierter. Dann sollten Sie vielleicht tatsächlich nicht reagieren, solange Sie nicht direkt darauf angesprochen werden. Aber grundsätzlich: eine Pauschallösung gibt es hier nicht.

Ihr Kollege ist vermutlich – soweit ich es aus der Ferne beurteilen kann – zu Recht etwas verärgert. Das ist grundsätzlich nicht schlimm, es gehört zum Alltag dazu. Haben Sie denn irgendwelche Fristen versäumt? In diesem Fall wird Ihre Strategie, nämlich nicht zu reagieren, unangemessen sein. Dann sollten Sie besser klar sagen, dass Sie an diesem „Unsinn" nicht teilnehmen wollen. Oder Sie hätten sich einfach kurz entschuldigen können mit dem Hinweis, dass da noch viel Arbeit war etc. Entschuldigungen werden meistens ohne weiteres Nachfragen akzeptiert und klären sehr schnell die Situation. Dann müssen Sie jetzt einfach der Form halber die Fragen beantworten und ein Foto von Ihnen abliefern.

Mir sind übrigens spontan folgende Antworten für Sie eingefallen: „Wenn ich Prinzessin wäre, würde ich alle Betriebsfeste abschaffen und die Ersparnis den Tierheimen spenden." Und: „Der größte Witz überhaupt ist das Leben selbst, vor allem die Gespräche in der Teeküche." Hier können Sie entscheiden, ob Sie mit Ihren Antworten unauffällig, kreativ oder selbstironisch sein wollen. Für einen Weg sollten Sie sich aber entscheiden, nicht-reagieren wird Ihnen negativ ausgelegt. Wenn Sie sich erklären würden, dann wäre die Handhabung vermutlich etwas einfacher.

Zum Neonlicht. Ich würde einfach den Chef per Email fragen, ob der Hausmeister bei Ihnen im Büro die Leuchtstoffröhren rausdrehen bzw. mit wenigen Handgriffen deaktivieren kann. Sie können sich ja eine andere Lampe ins Büro stellen, falls doch mal Licht benötigt wird. Sie können Ihre Argumente (zu hell am helllichten Tag, Summen, Flackern etc.) ruhig vortragen. Ich als Chef würde Ihnen das sofort gestatten. Wenn Sie sich erklären würden, dann wäre die Handhabung vermutlich etwas einfacher.

Liebe Grüße
Herr Armona

7

Der Spaziergang

Fenna
Ich wohne schon zu lange hier, ohne das Meer gesehen zu haben. Dabei war es einer der Gründe, warum ich hierher wollte. Der salzige Geschmack in der Luft, der Geruch nach Seetang, der Wind, die Vögel – meist erinnert mich nur das Rufen der Möwen über meiner Wohnung daran, dass die See nur wenige Kilometer entfernt ist.

Herr Armona hatte mir von einem Weg erzählt, abseits der Touristen-Trampelpfade. Ich weiß nicht, ob es angemessen ist – ich frage ihn trotzdem nach diesem Weg. Ich gehe ungern alleine fremde Wege – die Wahrscheinlichkeit, dass ich irgendwo rauskomme, wo ich gar nicht hinwollte, ist hoch. Im schlimmsten Fall finde ich nicht mehr zurück.

Herr Armona
Ich hatte Fenna vom Weg am Meer erzählt. Direkt am Wasser, mit Blick auf die Salzwiesen einerseits und das Watt

andererseits. Bei Flut geht man direkt an der Wasserkannte entlang. Man sieht die Inseln am Horizont. Große Vogelschwärme machen hier Rast, viele Vögel leben hier das ganze Jahr über. Der Frühling ist schon fast zu erahnen.

Jetzt fragt sie, ob ich ihr diesen Weg zeigen könne. Ja, kann ich. Ich biete Fenna einen späten Nachmittag an. Wenn die Dämmerung einsetzt. Ich schlage vor, dass wir zusätzlich unsere Kameras mitnehmen, vielleicht finden sich ja Motive. Mich interessiert die Art und Weise, wie sie fotografiert.

Fenna

Es gibt diesen einen Moment, den ich unglaublich liebe. Dann, wenn man den höchsten Punkt des Deiches erreicht, wenn das flache Land und das Grün verschwinden und sich vor einem die Weite des Watts ausbreitet. Es ist nur der Bruchteil einer Sekunde, aber in dieser Sekunde scheint sich die Welt aufzulösen. Es gibt keine Häuser, keine Autos, keine Menschen, der Blick wird magisch angezogen von dieser Fläche, die bis zum Horizont geht, die laute Welt verschwindet und es bleibt nur das Rauschen des Windes und die Rufe der Vögel. Wenn ich könnte, würde ich tausend Mal den Deich hinauf und wieder hinunter laufen, nur um diesen einen kurzen Moment wieder und wieder zu erleben. Denn in diesem einen Moment fühlt sich nichts falsch an.

Es sind keine Menschen unterwegs. Herr Armona redet. Das Wasser hat sich zurückgezogen, hinter den omnipräsenten Windrädern geht eine feuerrote Sonne unter, die alles in ein glühendes Dämmerlicht taucht. Herr Armona redet. Im Watt laufen Vögel und selbst auf die Entfernung kann ich sie erkennen: Einige Austernfischer staksen durch das Wasser, vor allem aber wuseln Alpenstrandläufer durch den nassen Sand. Dazwischen einige Stockenten, am Himmel kreisen Silber- und Lachmöwen. Irgendwo hinter dem Deich scheint eine Gruppe Gänse zu sein, das Schnattern ist deutlich zu hören. Herr Armona redet immer noch.

Herr Armona
Ich habe nur begrenzt Zeit, da ich noch eine andere Klientin in der Praxis habe, die an einem ungestörten Ort etwas für die Schule vorbereiten muss. Fenna kommt mit dem eigenen Wagen. Ich zeige ihr die Wegstrecke, nur einige Kilometer von mir entfernt. Wir steigen aus und marschieren los. Es ist ein schöner Abend, zumindest für mich. Wolkenlos, wenig Wind, gute Sicht, nicht zu kalt.

Fenna ist sehr konzentriert, achtet scheinbar auf viele Details. Sie macht Fotos. Auch ich mache welche. Wir gehen etwas weiter am Wasser entlang. Ich zeige ihr die Bojen, die im Meer zu sehen sind, die grünen Tonnen, und die roten Tonnen. Erkläre ihr, woran man erkennt, ob die Flut kommt, oder ob das Wasser wieder abfließt, also die Ebbe bald einsetzt. Ich stelle wieder Fragen. Vermutlich quatsche ich zu viel. Also bleibe ich phasenweise wieder ganz still, laufe etwas vor, bleibe etwas zurück, lasse Fenna ihre eigene Geschwindigkeit, gebe ihr Zeit für ihre Fotos.

Fenna
Ich bin unschlüssig, ob und wie ich Herrn Armona zum Schweigen bringen soll. Ich möchte nicht unhöflich sein. Aber seine Erzählungen lenken ab. Wenn ich fotografiere, dann konzentriere ich mich auf diesen einen Moment, dieses eine Bild. Alle Konzentration liegt im Visuellen, Zuhören und dann noch adäquat antworten erfordert Ressourcen. Laufen und Reden, das geht. Laufen, Reden und Fotografieren, das nicht.

Dicht über das Wasser fliegt ein Schwarm Gänse. Sie scheinen zu früh aufgeflogen auf der Suche nach Futter im Watt, noch ist nicht genug Wasser abgelaufen. Das Geschnatter und das Rauschen der Flügel in der Luft sind deutlich zu hören.

Ich ziehe mich für einige Momente auf den Deich zurück. Die Sonne steht nicht so, wie ich sie gerne für das perfekte Bild hätte. Trotzdem mache ich eines. Das ist der Preis der Natur. Vielleicht ist es doch wieder perfekt.

Herr Armona
Sie geht sehr vorsichtig, sehr bedächtig. Ich fühle mich etwas deplatziert, vielleicht sogar etwas überflüssig. Oder parallel. Wir sind beide am gleichen Ort, aber beide irgendwie jeder für sich. Das ist für mich kein Problem, und ich denke für Fenna ohnehin nicht. Eigentlich wollte ich die Zeit auch noch nutzen, um einige Dinge zu besprechen. Ich merke aber, dass nur das eine oder das andere geht. Also entweder die Natur wirken lassen, oder sich unterhalten. Ich lasse auf Fenna die Natur weiter wirken, stelle mein Gerede wieder ein.

Fenna
Ich folge den Linien der Deichbefriedung mit den Augen. Steine, im gleichmäßigen Abstand, in einer Reihe. Die Holzpallisaden zum Küstenschutz geben gradlinig und rechtwinklig ins Watt. Einige Möwen haben sich darauf niedergelassen. Ein Zaun ist überhäuft mit Seegras von der letzten Überflutung. Im Gras liegen einige lose Federn. Langsam wird es dunkel. Zu dunkel zum Fotografieren. Ich schließe das Objektiv der Kamera, es lohnt nicht mehr.

Über uns rauscht ein großer Schwarm von Vögeln, ihr Flügelschlag ist fast ohrenbetäubend. Jetzt kann ich mich mehr auf Herrn Armona konzentrieren. Es tut mir Leid, dass ich nicht so auf seine Beiträge eingehen konnte, wie er sich das vielleicht dachte. Ich versuche zu erklären. Warum es Konzentration frisst. Warum meine Kamera all meine Aufmerksamkeit hat und dann nichts mehr übrig bleibt für anderes. Dass das Fotografieren ein sehr persönlicher Vorgang ist. Bei dem keiner, den ich nicht voll akzeptiere und respektiere, dabei sein darf. Er scheint zu verstehen.

Herr Armona
Wir müssen bald wieder umkehren. Ich habe ja noch meine andere Klientin. Es ist jetzt fast ganz dunkel, die Sterne sind zu sehen. Wir reden etwas über das Fotografieren, über Objektive. Darüber, dass ich heute das falsche Objektiv habe. Fenna hat das richtige mit.

Ich kann schwer einschätzen, ob ihr der Weg gefällt. Ob ich eher störend bin, oder ob ich eine Hilfe, eine Orientierung für sie bin. Mir hat der kleine Ausflug gefallen. Ich denke sogar kurz darüber nach, viel häufiger meine Gespräche bei einem Spaziergang am Meer statt bei mir in der Praxis durchzuführen.

7.1 Zwischengedanken

Fenna
In Gedanken bin ich an der See. An dem Blick bis zum Horizont, wo kaum etwas ist, was störend ist. Selbst die Geräusche mochte ich – die Rufe der Möwen, das Rauschen des Windes. Ich liebe es, zu schauen, wie sehr sich das Windgeräusch und auch die herangetragenen Geräusche ändern, wenn man den Kopf dreht. So kenne ich das nur hier an der See.

Zum ersten Mal seit Wochen habe ich für einige Zeit das Gefühl, völlig ruhig zu sein. Gelassen. Der stete Wechsel von Ebbe und Flut ist verlässlich, vielleicht ist es das, was mir eine Art Sicherheit gibt? Die Nordsee wird auch morgen da sein und übermorgen. Ich kann sogar sagen, ob gerade Wasser da ist oder nicht – selbst dann, wenn ich nicht am Deich stehe.

Herr Armona
Ich hatte Fenna nach dem Spaziergang gefragt, ob ich zu viel geredet hätte. Sie hat dann auf nette Art gesagt, dass es ihr schwerfällt, sich auf das Fotografieren und das Sprechen gleichzeitig zu konzentrieren. Und ich hatte eigentlich den Eindruck, sehr wenig gesprochen zu haben. Es scheint, dass es doch nötig ist, sich noch klarer vor Beginn solcher Aktionen abzustimmen.

Insgesamt habe ich den Eindruck, dass ihr die besondere Weite der Landschaft, der Horizont, die salzige Luft, der Wind und die vielen Tiere besonders gefallen haben. Sie wirkte teilweise wie abwesend. Allerdings nur in Bezug auf mich. Sie schien ganz einzutauchen in die sie umgebende Natur, in das Weltnaturerbe Wattenmeer. Ich denke, dass ich gerne einmal so wie sie wahrnehmen würde. Gerade jetzt denke ich das ganz besonders, nach diesem Gang am Meer. Weil ich zwar irgendwie dabei war, daneben stand, aber ihre Sinneseindrücke nicht mit ihr teilen konnte.

Fenna
Ich habe gesehen, dass der Weg am Meer direkt neben einem Campingplatz ist. Jetzt um diese Jahreszeit ist da niemand. Aber das wird sich wahrscheinlich bald ändern. Ich zweifle, dass dieser Weg dann immer noch den gleichen Reiz hat. Zu viele Touristen trampeln dann dort entlang, hinterlassen Müll und Gestank und erfreuen sich an der Natur zwischen Plastiktüten und Kindergeschrei. Dann müsste ich warten, bis die Saison vorbei ist, um dort in einer ähnlichen Ruhe sein zu können wie bei diesem Spaziergang. Oder ich müsste einen anderen Ort finden, einen, den die Touristenscharen nur schwer ausfindig machen. Denn sonst wird die Ruhe dort zu einer hektischen Unruhe. Und das sollte nicht sein.

Manchmal glaube ich, dass das Meer das Einzige aus der Außenwelt ist, das die Innenwelt zu beruhigen vermag.

Herr Armona
Bei jedem Gang ist hier die Stimmung anders. Mal stürmisch, mal nebelig. Oder sonnig und warm, oder kalt und verschneit. Mal sind die Zugvögel dominant, mal die heimischen Tiere. Mal viele Menschen, dann wieder Menschenleere. Flut oder Ebbe. Wellen oder spiegelglatt. Ganz unterschiedliche Geräusche, ganz andere Farben. Immer wieder anders, immer eine neue Komposition. Auch mir gefiel der Gang.

Ob sie den Weg auch alleine gehen kann? Schwer ist es nicht. Dreimal links. Zurück über die Deichkrone. Bin gespannt, ob sie es alleine probieren wird. Das würde ihr vermutlich gut tun, wenn sie regelmäßig hier geht. Vielleicht früh morgens, wenn die Sonne aufgeht, und nicht so viele störende Menschen unterwegs sind.

7.2 Briefe

Hallo Herr Armona,
Die Nacht war mal wieder eine Katastrophe – um sechs Uhr habe ich dann aufgegeben. Sie hatten geschrieben, dass Sie einen Versuch mit Medikamenten wagen würden. Ich fühle mich dabei nicht wohl. Ich kann einerseits nachvollziehen, warum Sie zu einem solchen Mittel raten. Auf der anderen Seite ist es ambivalent: Ich merke, dass mich die schlaflosen Nächte, das ständige und wiederholte Wach-Sein auslaugen und ich es zudem hasse, dass in meinem Kopf offenbar keine Ruhe herrschen kann. Und auch wenn ich die Dunkelheit mehr mag als das grelle Licht, so ist Schlaf doch etwas, was ich nicht mag. Es ist Kontrollverlust.

Und gleichzeitig stört mich jedes kleinste Geräusch. Das ist paradox, weil es in der Großstadt viel lauter war. Da gingen Leute durch das Treppenhaus, es lief mal

Wasser oder eine Tür klappte zu. In manchen Nächten machte mich das Klicken der Zeitschaltuhr wahnsinnig, sodass ich sie irgendwann weg warf. Hier ist es der Hahn des Nachbarn, das Grunzen der Schweine, irgendwelche Tiere auf dem Dach (wenn ich mich nicht getäuscht habe, ist mein Dach Aussichtspunkt für einen Kauz).

Sie hatten nun mehrfach (teils sogar in exakter Wortwiederholung) geschrieben und betont, dass ich mich und meine Wahrnehmung anderen Menschen gegenüber erklären sollte. Aber wir sprachen doch bislang nur von einem Verdacht. Einen, den ich nachvollziehen kann und der mir auch mit der Literatur hier einleuchtet – aber letzten Endes bin ich trotzdem unsicher (oder will es sein). Sind Sie sich denn sicher?

Sie schrieben, dass mich meine Kollegen wahrscheinlich schon als „Autistin" abgestempelt hätten – in welcher Hinsicht? Also mit der Konnotation, wie sie auch gerne einmal Politikern zugesprochen wird oder eher im diagnostischen Bereich? Und wie kann ich sicher sein, dass eine „Erklärung" auch so verstanden wird, wie sie gemeint ist? Wahrscheinlich spielt da auch mit rein, dass ich nicht sein möchte, was und wie ich bin.

Liebe Grüße
Fenna

Hallo Fenna,
durch unsere Zusammenarbeit werden zwangsläufig Dinge angestoßen, und so mancher Stein kommt langsam ins Rollen und kann dann auch eine Eigendynamik entwickeln. Wichtig dabei ist, dass Sie in mir jederzeit einen Ansprechpartner haben, der Sie bei dieser "Entwicklung" begleitet und unterstützt.

Ihre Beobachtung zur „Geräuschkulisse" ist sehr interessant und eventuell hilfreich. Ich entnehme dem, dass Ihr Wahrnehmungslevel zu bestimmten Zeiten unterschiedlich empfindsam ist. Das ist ja schon ein gutes Zeichen. Wenn es immer gleich wäre, dann gäbe es keine Faktoren, die diese unterschiedlichen Empfindsamkeiten verursachen. Nun gilt es diese Faktoren zu entdecken. Mir kommt gerade der Gedanke, ob nicht hier in der Gegend das „Grundrauschen", also der ständige Lärm, niedriger ist. Dadurch erlangen einzelne Geräusche – relativ gesehen – eine ganz andere Stärke und Dominanz. Vielleicht sollten Sie in Ihrer Wohnung für ein erhöhtes Grundrauschen sorgen, vielleicht Musik? Einen Fernseher haben Sie ja nicht. Wäre Musik im Hintergrund eine Option zum Einschlafen?

Das „sich erklären" ist so eine Sache. Ich verstehe Ihre Fragen und Einwände. Die Frage wäre auch, ob überhaupt Sie, oder nicht besser jemand anders die Erklärung für Sie abgeben sollte. Damit würden Sie die Verantwortung abgeben und könnten mit etwas mehr Distanz abwarten, wie es angekommen ist. Beide Varianten haben sicherlich Vor- und Nachteile. Kommunikation ist prinzipiell unsicher. Daher bin ich mir natürlich nicht sicher, dass es so ausgeht wie angenommen, würde Ihnen auch nichts versprechen.

Ich bin mir aber sicher, dass ich diesen Weg – früher oder später – für den einzig möglichen erachte.

Liebe Grüße
Herr Armona

Hallo Herr Armona,
Was die Geräuschkulisse angeht, ist das eher etwas, was meiner Beobachtung nach von der Tagesform abhängig ist. Bestimmte Geräusche gehen prinzipiell nicht (Staubsauger, Mixer, Föhn (!!), Bohrmaschine, Telefonstationen,

etc.), bei anderen Geräuschquellen gelingt es mir an manchen Tagen, diese leichter zu ignorieren. Ich höre sie zwar permanent und weiß, dass sie da sind, bekomme aber genug Konzentration auf, um nicht „hinzuhören". Das ist ein bisschen wie das Beispiel, es sei nicht möglich, nicht an einen bestimmten Gegenstand zu denken. Es ist möglich. Es ist nur ziemlich anstrengend. Wenn ich dann Tage habe, die sowieso schon ein hohes Maß an Konzentration fordern, bekomme ich das dann nicht mehr ohne weiteres hin. Und je länger ich solchen „Aufmerksamkeitsfressern" ausgesetzt bin, desto schwieriger wird es. Irgendwann entsteht dann eine Art „Hallenbad-Effekt" – ich kann einzelne Geräusche nicht mehr zuordnen und trennen, sie vermischen sich zu einem ganz unangenehmen Schallteppich. Ähnlich der Geräuschkulisse in einem Hallenbad.

Ich höre sehr wenig Musik. Die meiste Musik macht mich eher noch unruhiger, einige Musikelemente rufen sogar eine latente Aggression hervor. Ich mag „Wasserlieder", das sind meist Klavierstücke. Ich nenne sie „Wasserlieder", weil ihre Grundkomposition an fließendes Wasser erinnert, wie in Bachläufen. Ich weiß nicht, ob nachvollziehbar ist, was ich meine… auf jeden Fall kenne ich nur sehr wenige dieser Lieder, spontan fallen mir nur drei ein. Es ist das gleiche Grundprinzip, das Smetanas „Moldau" zugrunde liegt, auch wenn mir diese an einigen Stellen zu unruhig wird und zu viele Instrumente hat. Aber schlafen kann ich damit nicht, im Gegenteil.

Liebe Grüße
Fenna

8

Das Kochen

Fenna

Kochen ist etwas, was ich nicht kann. Was ich wirklich nicht kann. Selbst simple Dinge wie „Ofen vorheizen – Irgendwas Backbares in den Ofen schieben – die Zeit abwarten – Ofen ausmachen" enden in einer Brickett-Vorstufe. Und seitdem sich meine Herdplatte vor einem Jahr in Flammen auflöste (und meine halbe Wohnung gleich mitnahm), habe ich sowieso ein gestörtes Verhältnis zu Küchengeräten jeglicher Art. Selbst die Mikrowelle betrachte ich seitdem mit Misstrauen und habe sie schließlich auf dem Dachboden in die Verbannug geschickt.

Es ist mir ein absolutes Rätsel, wie es manchen Menschen gelingt, über Stunden am Herd in der Küche zu stehen, nur um etwas zu produzieren, was der Nahrungszufuhr dient. Ich verbringe ja auch keine Stunden an der Tankstelle, um meinen Wagen zu betanken.

Herr Armona fragte mich danach, wie ich mein Essen zubereite. Nicht was, sondern wie. Was in ziemlich heiteren zehn Minuten endete. Mir ist durchaus bewusst, dass mein Zubereitungsstil (von „Kochen" kann wohl nicht die Rede sein) jede Hausfrau in den Wahnsinn treiben würde. Als er fragte, ob er sich das mal live und in Farbe anschauen dürfte, war ich erst unschlüssig. Schließlich führt man nicht jedem seine geballte Inkompetenz vor.

Herr Armona
Kochen ist für Fenna wohl eher ein lästiges Thema. Trotzdem habe ich sie bisher noch nicht so ausgelassen und laut lachen hören, wie bei der Schilderung ihrer Kochbemühungen. „Kochen" ist eigentlich das falsche Wort, es sollte besser „Zubereiten" genannt werden.

Sie nimmt um Punkt 13 Uhr eine Handvoll Nudeln, wirft diese in einen kleinen Topf mit kaltem Wasser und dreht dann den Herd an. Um 13:12 Uhr werden dann die Nudeln abgegossen. Danach wird der gefrorene Spinat über die Nudeln gestreut und gerührt, bis der Spinat aufgetaut ist. Um Punkt 13:15 Uhr werden dann aus einer ganz bestimmten Schale die Spinatnudeln gegessen. So ist der Ablauf bisher.

Fenna
Eigentlich war abgemacht, dass alles so bleibt, wie ich es immer mache. Aber Herr Armona wäre nicht Herr Armona, wenn er nicht doch irgendetwas ändern würde. Zuerst kommt ein zweiter Topf ins Spiel – für einen Moment bin ich mit den unterschiedlichen Größen überfordert. Was soll nun in den großen, was in den kleinen Topf? Und warum überhaupt zwei? Mit einem klappte es bislang doch ganz gut.

Dann sieht er den mir bis dato rätselhaften roten Punkt auf den rechten Herdplatten und meint, dass es da noch schneller ginge. Wieder was gelernt. Aber zu den zwei Töpfen kommt jetzt noch die falsche Seite am Herd.

Normalerweise steht ein Topf links vorne, nicht zwei Töpfe rechts. Und wenn es rechts schneller geht als links, dann bekomme ich ein Problem mit der Zeit. Ich muss umdisponieren. An einem schlechten Tag wäre das nicht möglich gewesen. Ich hoffe, ihm fällt nicht noch irgendwas ein.

Herr Armona
Ich habe jetzt Fenna gefragt, ob ich einmal beim Kochen dabei sein kann. Sie willigt ein.
Ich frage, ob sie schon einmal mit jemandem gekocht habe. Nein, noch nie. Wir einigen uns darauf, dass sie kocht und ich lediglich zuschaue. Und, dass es so abläuft, wie sie es bisher gemacht hat, vielleicht nur mit kleinen Änderungen. Ich schlage allerdings im Vorfeld vor, dass Sie den Spinat in einem weiteren Topf erwärmt. Und dass die Nudeln mit etwas Öl angereichert werden. Dazu habe ich Rapsöl mitgebracht.

Fenna
Das Wasser kocht auf den rechten Platten wirklich schneller. Mich irritieren die zwei Töpfe ein wenig, eine Dauerlösung ist das nicht. Herr Armona hat zwischenzeitlich eine Flasche Öl hervorgezaubert, davon möchte er nachher etwas über die Nudeln gießen. Wusste ich es doch.
Als ich das Wasser abgießen will, stoppt er mich. Normalerweise würde ich den Deckel auf den Topf legen, festhalten und dann das kochende Wasser in den Ausguss schütten. Herr Armona macht sich jedoch Sorgen um meine Finger, die ich mir bei der Aktion verbrühen könnte. Nicht, dass das jemals passiert ist. Der Deckel wird nach meinem Empfinden warm, mehr aber auch nicht. Herr Armona macht irgendwas mit dem Handtuch und dem Deckel, aber das sieht nach gehobener Koordination und Motorik aus. Ich passe und würde

gerne meine Methode verwenden, aber Herr Armona macht deutlich, dass er sich das nicht mitansehen könne. Er scheint wirklich davon auszugehen, dass das Wasser zu heiß ist. Sogar mir fällt auf, dass ihn das offenkundig nervös macht. Schließlich gehe ich als Kompromiss auf die Suche nach einem Sieb. Auch wenn ich wenig koche, habe ich doch alles da. Ich nutze es nur nie. Eigentlich brauche ich es ja auch gar nicht.

Herr Armona
Fenna hantiert geschickt mit den Gerätschaften. Ich habe nicht den Eindruck, dass ich übermäßig störe. Während das Wasser anfängt zu kochen, unterhalten wir uns. Parallel rührt sie in dem Topf mit Spinat. Ich gab ihr auch vorher schon den Tipp, die Kochplatten mit dem roten Punkt in der Mitte zu verwenden. Damit geht es schneller. Ebenso, wenn sie jetzt auf den Topf mit den Nudeln einen Deckel legen würde, bis es kocht. Fenna äußert allerdings Bedenken. Das werfe unter Umständen ihre minutengenaue Planung über den Haufen.

Fenna
Die Ölflasche habe ich schon eine ganze Weile misstrauisch im Blick gehabt. Herr Armona behauptet, dass man es nicht schmecken würde. Mit einem kurzen Schwung kippt er etwas der gelben Flüssigkeit in den Nudeltopf. Fast sofort steigt mir ein unangenehmer Geruch in die Nase. Bevor ich aber etwas sagen kann, ist er wieder verflogen. Na gut. Auf den Versuch lasse ich es ankommen. Der Spinat im zweiten Topf ist auch fertig, aber es sind mehr Handgriffe als sonst. Der automatische Ablauf funktioniert nicht ganz.

Herr Armona verabschiedet sich Punkt 13:14 Uhr. Er wird beim Essen nicht dabei sein. Da wäre, glaube ich, auch wirklich die Grenze erreicht. Ich bin mir nicht sicher, ob ich etwas essen könnte, wenn ich nicht alleine bin.

Herr Armona
Die Nudeln sind fertig, nun fügen wir etwas Rapsöl hinzu. Einen kleinen Spritzer, vielleicht maximal ein halbes Schnapsglas. Anschließend kippt sie den Spinat darüber und verrührt alles. Jetzt ist es für mich an der Zeit, zu gehen. Ich hatte Fenna gesagt, dass ich beim Essen natürlich nicht dabei sein werde. Ich verabschiede mich schnell und verlasse die Wohnung, bevor der Zeitplan durcheinander kommt.

8.1 Zwischengedanken

Fenna
Nachdem Herr Armona gegangen ist, stehe ich etwas ratlos vor den beiden Töpfen. Schließlich mache ich das, was ich immer mache und fülle Wasser in den mit den Spinatresten. So trocknet erst mal nichts an. Aber ich glaube, ich bleibe weiterhin bei meiner Ein-Topf-Methode. Das Ergebnis ist das gleiche und es scheint mir effizienter zu sein.

Nach wenigen Stunden merke ich, dass etwas nicht stimmt. Ich kann nicht genau einordnen, was es ist und benutze eine bewährte Taktik: Nach und nach werden einzelne Körperregionen durchgegangen und auf ihre korrekte Funktionalität überprüft. Findet sich hier nichts Auffälliges, widme ich mich äußeren Faktoren und schaue, ob irgendetwas ist, was unter Umständen eine Reaktion hervorrufen könnte. Allerdings ist in diesem Fall der Urheber relativ schnell gefunden – offenbar vertrage ich das Mittagessen nicht.

Herr Armona
Ob man das Ganze nun „kochen" oder „zubereiten" nennen möchte, ist letztlich unerheblich. Für mich sind jedoch bei dieser ganzen Thematik zwei Faktoren von besonderem Interesse:
1. das Zubereiten der Nahrungsmittel von Fenna überhaupt einmal miterleben zu dürfen
2. Möglichkeiten zu finden, die tägliche Ernährung qualitativ zu bereichern

Punkt eins ist uns wohl teilweise geglückt und war zwischenzeitlich sogar von Heiterkeit geprägt, aber auch von Irritationen. Mir ist aber auch klarer geworden, dass bestimmte Routinen von Fenna durchaus sinnvoll sind, auch wenn ich sie für unvorteilhaft halte. Fenna möchte etwas ändern, aber es muss ein Weg sein, den sie selbst einschlagen will und kann. Fennas Körpergewicht nimmt von Woche zu Woche ab, da sollte schon irgendwann von ihr gegengesteuert werden. Fenna hat offenbar weniger Empfindung für Hunger, Durst, Kälte, Wärme. Es geht ums Optimieren der bestehenden Ressourcen und Fähigkeiten. Es geht um ihre unendliche große permanente Müdigkeit, die sie überwinden möchte.

Fenna
Die Nacht wird zur Tortur. Irgendwas scheint komplett aus dem Gleichgewicht geraten zu sein – wenn da denn mal eines war. Ich schlafe kaum und noch unruhiger als sonst. Herr Armona vermutet, dass meine Probleme vom Öl kommen. Ich bin erst verwundert, denn solche Wirkungen hätte ich eher vermutet, wenn ich eine ganze Flasche davon getrunken hätte. Dass die paar Tropfen solch eine Wirkung haben, erstaunt mich. Wenn das der Preis für Varianz bei Lebensmitteln ist, weiß ich nicht, ob das mein Weg ist. Mir ist bewusst, dass die Einseitigkeit

der Lebensmittel auf Dauer ungünstig wird – oder bereits ist. Wenn mein Körper sich aber dann auch noch gegen die Lebensmittel wehrt – und das sehr nachdrücklich – dann läuft irgendetwas schief.

Herr Armona
Punkt zwei ist leider zunächst gescheitert. Selbst winzigste Mengen vom Öl an den Nudeln haben offenbar sehr schnell zu erheblichen Verdauungsproblemen geführt. Andererseits zeigt dieser Versuch offenbar, wie einseitig die Verdauungsfunktionen von Fenna mittlerweile nur noch arbeiten. Fette können vermutlich nicht mehr richtig verarbeitet werden.

Ein wichtiger Faktor des allgemeinen Wohlbefindens ist unter anderem auch die Ernährung. Ich versuche, die richtige Balance zu finden zwischen „positiv motivieren und unterstützen" und „nicht auf die Nerven gehen". Denn Interventionen mit Öl, Käse und ähnlichen natürlichen Lebensmitteln sind aus meiner Sicht vorrangig und auch wesentlich harmloser als Versuche mit Medikamenten. Vor allem dann, wenn die aktuelle Nahrungsmittelzufuhr sehr einseitig ist.

8.2 Briefe

Hallo Fenna,
  ich habe noch einige Fragen:

1. Hatten oder haben Sie Konzentrationsprobleme?
2. Fällt es Ihnen schwer, Dinge zu Ende zu bringen, also Vorgänge zu beenden?
3. Wechseln Sie häufiger spontan von einer Tätigkeit zur anderen Tätigkeit?
4. Verspüren Sie häufiger innere Unruhe?
5. Neigen Sie zu Hyperaktivität?

6. *Neigen Sie zur Tagträumerei, zum „Abschalten"? Haben Sie also bei Vorlesungen, damals in der Schulklasse oder jetzt in Besprechungen das Bedürfnis, an ganz andere Dinge zu denken, also gedanklich abzuschweifen?*
7. Haben Sie in den letzten 14 Tagen etwas anderes als Nudeln und Spinat gegessen?
8. Hat sich Ihre Schlafsituation etwas verbessert?
9. Was sind Ihre typischen Beschäftigungen zwischen Dienstschluss und Dienstbeginn? Also die Dinge, die Sie in Ihrer Freizeit machen. (nur die wichtigsten Beschäftigungen nennen)

Sie können auch bei einzelnen Fragen mit Ja bzw. Nein antworten …
Mit lieben Grüßen
Herr Armona

Hallo Herr Armona,

1. Meine klassische Gegenfrage: Wie definieren Sie Konzentrationsprobleme? Mir fällt es schwer, bestimmte Dinge auszublenden, gerade in ungewohnter Umgebung. Das ist dann ein ziemlicher Aufmerksamkeitsfresser. Aber meist sind das Dinge, die mir unangenehm sind oder unglaublich faszinieren – ein hohes Pfeifen, das Surren von Lampen, sich drehende Gegenstände oder Ähnliches. Meinen Sie so etwas? Ansonsten ist es, gerade bei Dingen, die mich interessieren, eher umgekehrt der Fall. Ich bin über Stunden hochkonzentriert und versinke dann komplett in der Aufgabe. Besonders beim Lesen „tauche" ich komplett ab. Ablenkende Geräusche verhindern, dass ich mich so konzentrieren kann. Sobald ich dann aber mal drin bin, höre ich auch nicht mehr, wenn mich jemand

anspricht. Ich könnte dann auch nicht mehr sagen, wie viel Zeit vergangen ist.
2. Prinzipiell nicht. Im Gegenteil. Ich bringe sogar die Dinge zu Ende, die mir unangenehm sind. Einfach aus dem Grund, weil ich sie angefangen habe. Nach Möglichkeit bringe ich Dinge auch an dem Tag zu Ende, an dem ich sie begonnen habe. Das kollidiert nur leider zwischendurch mit meinem (nicht vorhandenen?) Zeitmanagement. Und in den letzten Monaten vermehrt mit meiner Müdigkeit, die dazu führt, dass ich einfache Zusammenhänge nicht mehr richtig erfasse und so nicht vorankomme.
3. Nein. Normalerweise weiß ich morgens bereits, wie mein Tag aussehen wird und welche Tätigkeiten anstehen. Diese arbeite ich dann in der Reihenfolge, die ich mir zurechtgelegt habe, ab. Da spielt auch Punkt 2 mit rein, denn wenn etwas länger dauert, als geplant, bekomme ich wieder ein Zeitproblem, weil ich alles nach hinten schiebe, um das, was ich gerade mache, fertig zu bekommen. Ich würde mir etwas Spontaneität oder auch Flexibilität in der Hinsicht wünschen, aber da kann ich leider nicht mit dienen. Kleinere Lücken kann ich unter Umständen gut nutzen, das hängt aber von der Tagesform ab.
4. Gibt es da einen zeitlich eingrenzbaren Rahmen? Ich könnte es nur situativ einordnen. Unruhig werde ich vor allem dann, wenn ich in Situationen bin, die ich nicht einordnen kann und aus denen ich nicht weg komme. Oder wenn ich einen dieser „zu laut, zu grell"-Tage erwische.
5. Nein.
6. Nein. Auch wenn viele der Ansicht zu sein scheinen, dass ich genau das mache. Meist stellen diese Leute dann fest, dass ich wider Erwarten doch alles – und meist mehr als der Rest – mitbekommen habe. Das hat

schon meine Grundschullehrerin wahnsinnig gemacht: Sie war der festen Überzeugung, dass ich ihr überhaupt nicht zuhören würde. Wenn sie mich dann mal „erwischen" wollte, nahm sie mich unvermittelt mit der Frage: „Was habe ich eben gesagt?" dran. Ich wiederholte dann immer die zuvor gefallenen Sätze. Irgendwann beschwerte sie sich mal bei meinen Eltern, dass ich einerseits so passiv wirke, sie andererseits aber keine Handhabe gegen meine vermeintliche Unaufmerksamkeit habe, weil ich ja doch alles mitbekäme.
7. Nein.
8. Nein. Eher im Gegenteil – falls das überhaupt noch geht.
9. Lesen. Star Trek schauen. Montags und donnerstags mache ich außerdem die Wohnung sauber und wasche, bevor ich die DVD einschalte.

Liebe Grüße
Fenna

8.3 Zwischengedanken

Fenna
Zu einem gemeinsamen Termin möchte Herr Armona nur mit einem Auto fahren. Seinem. Ein Blick auf die Karte zeigt mir, dass die Fahrt diesmal nicht nur 500 m geht und somit beginnt für mich das Grübeln. Ich fahre lieber mit meinem eigenen Auto, unter normalen Umständen. Mein Wagen ist meine Sicherheit, dass ich im schlimmsten Fall aus jeder Situation heraus die Flucht ergreifen kann. Das geht aber nicht, wenn ich an Zug oder andere Menschen gebunden bin.

Dazu kommt noch die Frage nach der Fahrsicherheit. Ich bin eine sehr umsichtige Fahrerin, übertrete bewusst nie die Geschwindigkeit, fahre nach Vorschrift. Bei Herrn Armona weiß ich, dass er eine durchaus… kreative Auslegung der Straßenverkehrsordnung hat.

Herr Armona
Eine Autofahrt mit Fenna steht an. Ich werde fahren. Eigentlich fahre ich immer am liebsten selbst. Dann fühle ich mich sicherer. Ausnahmen sind unter anderem natürlich Fahrten, bei denen ich von irgendwelchen Events oder Feiern nach Hause gebracht werde, da ich selber dann den Zustand der gesetzlich festgelegten Fahruntüchtigkeit erlangt habe. Dann bin ich auch gerne Beifahrer. Fenna hatte einmal kurz angeboten, dass ich bei ihr mitfahren könne. Sie hatte mir zuvor von ihrer Art zu fahren berichtet. Unglaublich spannend. Dankend hatte ich dann abgelehnt. Ich habe mir aber fest vorgenommen, doch einmal mit ihr zu fahren, ich dann als Beifahrer in ihrem Auto.

Ich fahre viele Kilometer im Jahr, sehr viele. Aus beruflichen und auch privaten Gründen. Das kostet mich nicht nur viel Sprit, sondern auch Zeit. Daher nutze ich die Zeit für Telefonate und das Planen der nächsten Sitzungen, Besuche und Tage. Aber auch meine kreativen Gedanken entwickeln sich beim Autofahren sehr gut. Viele meiner Ideen und Projekte entstehen gedanklich während einsamer Fahrten. Oft kann ich mich an die Einzelheiten der Fahrt nicht mehr im Geringsten erinnern. Ich verfahre mich allerdings selten, benutze so gut wie nie mein Navi. Gerne fahre ich auch zu einer Burger-Bude und hole mir noch schnell einige Cheese- oder Chiliburger, Pommes und eine Cola-Light. Das gönne ich mir dann, vorzugsweise auf längeren Fahrten.

Fenna
Erst vor kurzem wurde Herr Armona geblitzt. Passenderweise mit dem Handy am Ohr. Ich musste ja erst lachen,

habe ihm dann aber erklärt, dass die Verkehrsregeln nicht zum Spaß da sind. Und das Telefonieren während der Fahrt gefährlich ist. Wobei mir auch klar war, dass meine Erklärung vielleicht nicht unbedingt auf taube Ohren, aber keinesfalls auf Einsicht stoßen wird. Die Bestätigung erhielt ich nur wenige Tage später, als mich eine Anfrage von Herrn Armona per SMS erreichte. Ich antwortete auf die Frage und erhielt eine weitere Nachricht mit dem Nebensatz, dass er gerade mit 120 Stundenkilometern auf der Autobahn unterwegs sei. Ich wies ihn daraufhin, dass die Nutzung des Mobiltelefons während der Fahrt gefährlich ist und dass ich erst weiter antworten werde, wenn er nicht mehr hinterm Steuer sitzt. Die folgende Nachricht, dass er ja nicht am Mobiltelefon, sondern am Tablet tippen würde, machte es nicht besser.

Ich fahre gerne Auto, vor allem auf der Autobahn. Am liebsten lange Strecken, wenig Kurven, ein steter Verkehrsfluss. In Städten muss ich mich extrem konzentrieren, das wird teils zu viel. Und ich achte penibel auf die Einhaltung der StVO. Deswegen werde ich auch oft überholt, auch innerorts, denn ich fahre dort 30, wo auch 30 ausgeschildert ist. Lieber noch 29, auf keinen Fall 31. Mein Fahrlehrer meinte einmal, dass er langfristig wohl – trotz meines vorschriftmäßigen Fahrens – wahnsinnig werden würde, müsste er permanent hinter mir fahren.

Ich frage mich gerade ernsthaft, ob die längere Autofahrt mit Herrn Armona ein Sicherheitsrisiko darstellt. Und gleichzeitig mache ich mir Sorgen, dass ich mir meine Bemerkungen vom Beifahrersitz aus nicht verkneifen kann – und irgendwann auf offener Strecke wegen hoher Nervigkeit rausgeschmissen werde…

Herr Armona
Die meiste Zeit meiner Autofahrten verbringe ich in einem Trance-ähnlichen Zustand. Ich steuere den Wagen hochgradig

unterbewusst und intuitiv. Ich bremse wenig, versuche so gut es geht im Fluss zu bleiben. Erstaunlicherweise habe ich bisher wenig Strafmandate erhalten, obwohl ich eigentlich immer innerorts und in Tempo 70-Zonen zu schnell fahre. Aber nicht viel zu schnell. Kürzlich bin ich einmal beim Telefonieren (Handy am Ohr) und gleichzeitig zu schnell gefahren in der Tempo-30-Zone geblitzt worden.

Ich habe noch nie – und ich klopfe jetzt beim Schreiben dreimal auf Holz – einen Unfall gebaut. War auch nicht darin verwickelt, weil ich immer noch schnell Probleme antizipiert habe. Ich halte mich überwiegend an die Verkehrsregeln, bin manchmal ungeduldig, wenn ich es eilig habe und fahre auch meistens auf meiner Fahrspur. Autofahren macht mir Spaß und entspannt mich total. Und jetzt steht eine Autofahrt mit Fenna an.

9

Die Autofahrt

Fenna
Herr Armona ist pünktlich. Und ich dafür nervös. Für einige Momente überlege ich, ob es nicht doch besser ist, mit zwei Wagen zu fahren. Aber ich habe bereits zugesagt. Das Wageninnere erinnert mich etwas an sein Büro. Ein gewisses Grundchaos lässt sich schlicht nicht verbergen. Wobei ich zugeben muss, dass auch mein Wagen schon mal etwas überfrachtet sein kann. Kabelsalat unter dem Radio (wenn er ein Headset hat, warum benutzt er es dann nicht? Hätte ihm den Strafzettel erspart), klappernde CDs in der Seitenablage und auf die Rückbank schaue ich sicherheitshalber gar nicht.

Herr Armona fährt nicht an, bevor wir beide nicht angeschnallt sind. Ein Pluspunkt. Es gibt Menschen, die fahren „schon mal" los, schnallen sich dann während der Fahrt an oder achten nicht darauf, ob die Mitfahrer angeschnallt sind. Da bin ich rigoros. Ich achte darauf, dass ich nahe der Tür sitze. Nicht, dass ich bei voller Fahrt schnell aussteigen könnte, aber den Fluchtweg direkt an der Schulter, das vermittelt doch etwas Sicherheit. Und den Tacho habe ich so auch genau im Blick.

Herr Armona
Fenna wird gleich einsteigen. Ich habe mein Auto noch auf die Schnelle notdürftig aufgeräumt. Es ist eigentlich in einem ganz passablen Zustand von innen. Denke ich zumindest. Obwohl ich häufig Kinder und Jugendliche durch die Gegend fahre. Einmal hat mir ein Mädchen die gesamte Rückbank mit Pferdehaaren und dem passenden Geruch dazu versaut. Ich hatte sie vom Reiten abgeholt. Oder die ganzen Jugendlichen in ihren Arbeitsklamotten mit den dreckigen Stahlkappenschuhen.

Fenna steigt jetzt ein. Sie orientiert sich im Auto, lässt ihren Blick einmal schnell durch das Innere des Wagens huschen. Sie sitzt eher außen, etwas angespannt. Wir warten beide, wer sich wohl zuerst anschnallt. Ich lasse schließlich zuerst den Gurt einrasten, bevor dann Fenna das gleiche macht. Flüchtige Berührungen der Arme können vermieden werden. Ich starte und fahre los. Ich gebe mir Mühe, akkurat und unauffällig zu fahren.

Fenna
Es dauert nicht lang und ich erwische Herrn Armona dabei, dass er mit überhöhter Geschwindigkeit fährt. Ich weise ihn auf die 70er-Zone hin. Das nächste Ortsschild passieren wir mit 60 Stundenkilometer. Wieder kann ich mir eine Bemerkung nicht verkneifen, ab dem Ortsschild gilt 50. Gleichzeitig befürchte ich, dass es dem Fahrer jetzt schon zu doof wird. Ist sicher nervig, wenn so ein kleiner Klugscheißer ständig von rechts reinquatscht. Aber Herr Armona nimmt nur die Geschwindigkeit runter.

Beim Stoppschild bleibt er nicht vorschriftsmäßig stehen, sondern rollt weiter, wenn auch ohne Gas. Ich beiße mir auf die Zunge, ich will den Bogen nicht überspannen. Auch zum Blinken hat er ein durchaus ambivalentes Verhältnis, wie mir scheint. Mal blinkt er gar nicht, dann wieder da, wo es gar nicht nötig wäre. Hinzu kommt, dass der Blinker ein Geräusch von sich gibt, das mich wahnsinnig macht. Bei einem Autokauf wäre dieser Blinker meinerseits ein Ausschlusskriterium.

Herr Armona
Wir kommen etwas ins Gespräch, ich merke aber, dass Fenna alle meine Fahrkünste und die Armaturen intensiv beobachtet. Ich würde etwas zu schnell fahren innerorts. Ja. Ich gehe etwas runter vom Gaspedal. Ich sage ihr, sie könne ruhig alles direkt sagen, was ihr auffiele. Ich würde den Blinker wohl auch nur eher zufällig verwenden, sagt sie. Ja, da muss ich ihr recht geben. Ich bin leider ein Blinker-Muffel. (Obwohl mir oft unangenehm auffällt, wenn andere Verkehrsteilnehmer nicht blinken). Allerdings ist mein Blinker ziemlich laut, zudem macht er ein extrem nerviges Geräusch. Ich merke, wie der Blinker Fenna stört. Sie bestätigt meine Vermutung. Plötzlich bin ich für das Blinken ganz neu sensibilisiert: Jetzt geht es nicht mehr darum, den Blinker zu vergessen, sondern ihn nicht zu lange blinken zu lassen.

Fenna
Im Großen und Ganzen bin ich positiv überrascht. Herr Armona fährt annehmbar. Etwas zu schnell, etwas zu weit rechts und manchmal schneidet er die Kurven – aber ich habe schon bei Weitem Schlimmeres gesehen. Als das Handy klingelt, zucke ich zusammen. Herr Armona schaut Richtung Armaturenbrett, geht aber nicht ans Telefon. Das würde er – wie ich aus der Blitzer-Geschichte weiß – normalerweise nicht machen und ich bin dankbar.

Eigentlich will ich Herrn Armona gerade fragen, wie er sich orientiert – ich habe als Beifahrer längst die

Orientierung verloren. Aber er beginnt auf einmal, mit den Händen zu gestikulieren. Ich bin nicht sicher, drehe den Kopf etwas, damit er aus meinem peripheren ins direkte Blickfeld kommt. Der wird doch nicht – ? Doch. Beide Hände in der Luft, den Kopf leicht in meine Richtung gedreht, redet Herr Armona weiter. Ich höre kein Wort. Ich wage einen weiteren Blick, weil ich kaum glauben kann, was ich sehe. Er fährt nicht wirklich freihändig, oder?

Herr Armona
Wir unterhalten uns weiter. Fenna macht mich darauf aufmerksam, dass ich die richtige Fahrspur etwas zu häufig verlasse. Wir erzählen weiter, ich gestikuliere, schaue auf mein brummendes Handy. Fenna zuckt zusammen. Was ich mit meinen Händen machen würde, wenigstens eine Hand sollte am Lenkrad bleiben, besser noch beide, belehrt sie mich entsetzt. Jetzt fällt es auch mir auf.

Fenna
Ich versuche, mein Unbehagen flapsig zu verpacken in der Hoffnung, dass es nicht zu unfreundlich ankommt. „Fahren Sie öfter freihändig?", unterbreche ich daher seinen Redefluss. Herr Armona bricht mitten im Wort ab, schaut aufs Lenkrad, beide Hände immer noch in der Luft. „Ach so. Ich fahre nicht freihändig, ich lenke mit dem Knie", erklärt er. Das ist jetzt nicht wahr! Ich weiß für einen Moment nicht, ob ich aussteigen oder lachen soll. In Anbetracht der Tatsache, dass wir mit 70 Stundenkilometern auf der Landstraße unterwegs sind, erscheint mir ersteres nicht angeraten. Nach Lachen ist mir aber auch nicht unbedingt zumute. „Das macht Sie nervös, oder?", will er von mir wissen. Ja. Ja, das macht mich nervös. Ziemlich sogar. Als Beifahrer, aber auch als Person, die regelmäßig im Straßenverkehr unterwegs ist. Wie viele

Personen wohl noch mit den Knien lenken? Oder vielleicht mit dem kleinen Zeh? Der Nase? Dem Ohr?

Ich bitte Herrn Armona, die Hände am Steuer zu lassen. Zumindest eine. Wenn plötzlich etwas vor den Wagen kommt, kann er mit dem Knie niemals ein Ausweichmanöver fahren. Und verliert wertvolle Zeit, wenn er erst wieder ans Steuer greifen muss. Ich bin nicht sicher, wie Herr Armona meine Belehrung auffasst. Ob er meine Bedenken nachvollziehen kann oder doch eher lustig findet. Immerhin greift er wieder ans Lenkrad. Und lässt die Hände bis zum Ende der Fahrt auch dort.

Herr Armona
Ich lenke den Wagen mal wieder mit dem linken Knie. Ich mache das eigentlich häufiger, mir fällt es schon gar nicht mehr auf. Zum Beispiel kann ich Cheeseburger besser mit zwei Händen essen. Das Knie-Lenken geht eigentlich ganz gut, selbst leichtere Kurven kann ich so bewältigen. Ich entschuldige mich und steuere den Wagen wieder mit beiden Händen. Beim Aussteigen habe ich nicht den Eindruck, dass Fenna extrem verängstigt ist. Ob sie allerdings überdurchschnittlich froh ist, heile und unversehrt angekommen zu sein, kann ich ihr nicht ansehen.

9.1 Zwischengedanken

Fenna
Ich glaube, Herrn Armona ist ziemlich viel nicht bewusst. Er macht die Dinge, die er häufig erledigt, „einfach so", nebenher. Anders kann ich mir nicht erklären, warum er in Teilen so gedankenlos bei der Fahrt war. Er fährt einfach drauflos, ohne sich wirklich Gedanken zu machen über das „Wie?" Er weiß, wo er hin will und das reicht

ihm. Wie er an sein Ziel gelangt, ist Nebensache – wenn überhaupt.

Mir war bislang nicht klar, dass Menschen Vorgänge so automatisieren können, dass ihnen meine Reaktion auf ihr Verhalten vollkommen abwegig erscheint. Ich fahre beispielsweise immer sehr bewusst mit meinem Wagen, schaue mir den Weg vorher an, fahre nach Möglichkeit mit einem Navigationsgerät. Während der Fahrt nimmt mein Kopf all die Informationen um mich auf und verarbeitet sie sehr bewusst. Ich sehe die Schilder, ordne sie ein, beobachte das Fahrverhalten der anderen Verkehrsteilnehmer und beginne eine Schätzung, inwiefern ihr Verhalten sicher ist oder ich doch besser Abstand halten muss. Ich sehe jeden Blitzer am Wegesrand, verharre bei irritierenden Verkehrsschildern und registriere die Kratzer an der Stoßstange meines Vordermanns. In bestimmten Situationen habe ich sogar heute noch – immerhin zehn Jahre nach meiner Fahrprüfung – fast den Eindruck, mein Fahrlehrer sitzt neben mir. Vielleicht merkt man die Gefahren nicht, wenn man nicht mehr bewusst fährt. Ich bin unschlüssig, ob das Fluch oder Segen ist.

Herr Armona
Ich habe den Eindruck, dass Fenna zwischen Angst und Unverständnis einerseits und Heiterkeit und Neugier andererseits hin und her schwankte. Ich empfand ihre knappen und durchaus angemessenen Kommentare während der Fahrt nicht als lästig. Ganz im Gegenteil. Ich bemühte mich dann, „ordentlich" zu fahren. Und Fenna hat auch Recht, wenn sie sagt, dass man durch Raserei auch nicht signifikant schneller am Ziel ankommt. Ich mochte die Fahrt mit ihr. Vielleicht gelingt es mir ja durch Fenna und dieser insgesamt nicht alltäglichen Reflexion der eigenen Fahrweise wieder meiner ganzen Verantwortung als Verkehrsteilnehmer gerecht zu werden.

9 Die Autofahrt

Fenna
Ich hätte gerne gewusst, wie Herr Armona seine Wege findet. Er sagte mir, er fahre einfach drauflos. Würde ich das machen, dann würde ich höchstwahrscheinlich irgendwo in Buxtehude hinterm Kaninchenstall herauskommen. Neue Wege fahre ich nur mit Navi. Bekannte Wege merke ich mir mit Wegmarken. Bestimmte Punkte am Weg dienen mir zur Orientierung und zu den Punkten führt mich eine Art Geschichte. An dieser Geschichte hangle ich mich dann entlang, bis ich dort angekommen bin, wo ich hinmöchte. Gibt es keine eindeutige Wegmarke, arbeite ich mit „negativen Wegmarken" – erblicke ich eine davon, dann weiß ich, dass ich eine Abzweigung verpasst habe und umkehren muss. Das System hat allerdings Nachteile: Ich finde nicht einmal zu meiner Wohnung, wenn ich 50 m entfernt, aber auf der „falschen" Seite stehe. Bei Dunkelheit bekomme ich Schwierigkeiten, weil nicht alle Wegmarken erkennbar sind. In Großstädten ist zu viel zu schnell im Wandel und viel zu viele Reize drumherum, als dass ich mich auf die Wegmarken verlassen könnte. Und ganz hört es dann bei Schnee auf. Dann bin ich verloren, weil ein Großteil meiner Wegmarken schlicht nicht mehr zu sehen ist.

Da wäre es sicher praktischer, einfach „drauflos" fahren zu können und anzukommen. Allerdings weiß ich nicht, ob der Preis der Gedankenlosigkeit dann nicht zu hoch ist…

Herr Armona
Ich denke jetzt auch, dass ich gerne einmal bei Fenna mitfahren würde. Ich weiß von ihr, dass sie sich während der Fahrt anders orientiert als ich, sich die Wege nicht allein visuell, sondern auch mit sprachlichen Hilfen einprägt. Sie sich während der Fahrt sogar an einem Leuchtturm, der auch am Festland noch zu sehen ist, orientiert. Ich hoffe, dass sich diese Gelegenheit einmal ergeben wird.

Ich kann schlecht beurteilen, wie Fenna sich insgesamt während der Fahrt gefühlt hat. Auf jeden Fall konnte es nicht so schlimm gewesen sein, denn die nächste Fahrt ist auch schon wieder geplant. Und die ist noch um ein vielfaches länger und komplizierter. Ich bin ja auch – so hoffe ich – lernfähig und kann mich dem akkuraten Fahrstil von Fenna soweit anpassen, dass es für uns beide in Ordnung ist. Im Übrigen ist mir auch durchaus bewusst gewesen, dass Fenna mir einen für ihre Verhältnisse großen Vertrauensvorschuss alleine dadurch gegeben hat, dass sie überhaupt erst eingestiegen ist.

9.2 Eine weitere Autofahrt – Perspektivwechsel

Herr Armona
Fennas Auto ist nicht gerade als groß zu bezeichnen. Ich hatte einmal gesagt, dass ich auch gerne mit ihr fahren würde und nun ist es soweit. Allerdings bin ich mir nicht sicher, ob ich wirklich in diese überdachte Zündkerze passe. Das sieht doch alles sehr beengt aus. Ich achte darauf, Fenna in der Enge des Wagens nicht zu berühren. In meinem Auto ist doch etwas mehr Platz.

Fenna schnallt sich an, startet aber den Wagen noch nicht. Sie wartet offenbar, bis sie das Klicken hört, mit dem auch mein Gurt einrastet. Dann setzt sie den Blinker, fährt von „ihrem" Parkplatz und schleicht in der vorgeschriebenen Geschwindigkeit durch den verkehrsberuhigten Bereich. Ich fahre hier immer etwas schneller. Nicht viel, wirklich nicht. Aber ein bisschen schneller dann doch.

Fenna
Jetzt fährt Herr Armona einmal mit mir mit. Wir wollen ungepulte Krabben im Hafen kaufen. Im Krabbenpulen sei er ganz gut, behauptet er.

Herr Armona steigt ein. Etwas steif setzt er sich auf den Beifahrersitz. Ich schnalle mich zuerst an, da er offenbar mir den Vortritt dabei geben möchte. Im kleinen Auto kommen wir uns körperlich doch näher, als ich dachte. Aber es kommt bislang zu keinen zufälligen Berührungen.

Herr Armona
Während der Fahrt stelle ich Fenna Fragen und möchte ein Gespräch beginnen. Sie fährt sehr niedrigtourig, schaltet bereits früh. Aber irgendwie kommt das Gespräch nicht recht in Gang. Offenbar hat sie Schwierigkeiten, sich auf den Weg, das Fahren und das Sprechen zu konzentrieren. Eine mir unbekannte Situation, ich kann beim Fahren ganze Romane erzählen.

Ich habe das Armaturenbrett im Blick, merke, wie Fenna beständig mit dem Gaspedal die Geschwindigkeit korrigiert. Von meinem Standpunkt sieht es aus, als würde sie kurzzeitig zu schnell fahren – 52 statt 50 km/h. Meine entsprechende Bemerkung dementiert Fenna, sie fahre genau 50. Ich meine, die Nadel sei über der Markierung, Fenna sagt, von ihrer Position aus verdecke die Nadel die Markierung. Gleichzeitig merke ich, dass selbst auf nun offener Strecke Gespräche nicht leichter fallen. Fenna scheint sich wirklich ausschließlich auf das Fahren konzentrieren zu wollen.

Fenna
Ich fahre los und Herr Armona fängt an zu reden. Ich kann mich schlecht auf beides konzentrieren. Er erzählt und fragt immer weiter. Dann behauptet er, ich sei kurzzeitig zu schnell gefahren. Da irrt er sich aber. Oder seine Augen sind nicht mehr die besten. Der Zeiger hat den Strich bei 50 km/h nicht überschritten. Ich versichere ihm, nicht zu schnell gewesen zu sein, aber er bleibt bei seiner Aussage. Insgesamt irritiert mich seine Anwesenheit.

Herr Armona
Fenna findet den Weg zum Hafen ohne Schwierigkeiten. Lediglich bei der Einfahrt zum Parkplatz scheint sie für einen Moment irritiert zu sein. Beim Aussteigen berühren sich unsere Arme, nur einen Sekundenbruchteil. Ihr scheint das bereits unangenehm zu sein, obwohl die Berührung minimal war.

Es sind mehr Menschen als üblich im Hafen. Die Touristensaison hat begonnen, das merkt man. Im Fischgeschäft bestelle ich verschiedene Sorten, für einen Teil entscheide ich mich spontan. Fenna steht schräg hinter mir – was fast immer der Fall ist – und scheint nicht so recht zu wissen, was sie machen soll. Das Klabbern der Bestecke aus dem Restaurant, die Lautsprecherdurchsagen und das Gewusel um uns herum nehme ich so gut wie nicht wahr.

Fenna fragt mich beim Rausgehen, ob ich einen Wal bestellt habe. Ich verneine und glaube, dass sie nur Spaß macht. Aber sie scheint die Frage ernst zu meinen, auch wenn sie lacht. Ich bin mir nicht sicher, warum genau sie meint, dass ich einen Wal bestellen sollte – oder überhaupt, dass man hier einen Wal kaufen kann.

Fenna
Als wir am Hafen angekommen sind, berühren sich für einen Moment unsere Unterarme. Ich ärgere mich über meine Ungeschicklichkeit. Wir gehen in den Laden und kaufen die Krabben, Herr Armona noch einige weitere Dinge. Anschließend frage ich ihn, ob er einen „Wal" mit seiner ersten Frage im Laden bestellt hätte. Er verneint. Wale hätten die nicht im Sortiment. Wir lachen. Aber ich meine, das Wort „Wal" ganz deutlich gehört zu haben. Was mich auch nicht wundert, denn er hat nicht selten Wortdreher und Wortfindungsstörungen.

9 Die Autofahrt

Herr Armona
Während der Rückfahrt versuche ich Fenna dazu zu bewegen, mir ihre Geschichten der Fixpunkte zu erzählen. Ich wähle einen anderen Weg aus als den, den sie gerade fährt und möchte dazu eine Beschreibung. Aber offenbar ist das, ähnlich wie bei den Gesprächen, nicht möglich. Fahren und Wegmarkierungen absuchen, das klappt. Fahren, Wegmarkierungen absuchen und gleichzeitig im Geiste einen anderen Weg beschreiben, das kann sie offenbar nicht.

Kurz vor meinem Haus passiert das, womit ich gerechnet habe: Anstatt geradeaus zu fahren, auf der Straße dann zu wenden und in Fahrtrichtung auf „ihren" Parkplatz zu fahren, biegt Fenna ab und fährt eine komplette Runde um den Block – im verkehrsberuhigten Bereich, wohlgemerkt. Als ich sage, dass ich damit gerechnet habe, scheint sie überrascht. Und gibt nach meiner Erklärung zu, dass sie nie auf die Idee gekommen wäre, auf der Straße zu wenden. Wenn sie auf den Parkplatz fährt, kommt sie immer aus einer bestimmten Richtung. Und auch entgegen der Fahrtrichtung parken geht gar nicht.

Fenna
Wir steigen ein und fahren zurück. Wieder erzählt und fragt Herr Armona. Ich versuche mich auf die Fixpunkte am Wegesrand und das Fahren zu konzentrieren. Um vor seinem Haus und auf „meinem" Parkplatz einzuparken, sind wir auf der falschen Fahrspur in Gegenrichtung unterwegs. Ich entscheide mich dafür, einmal durch den kompletten Ortskern zu fahren, um dann auf der richtigen Seite ordnungsgemäß in Fahrtrichtung einzuparken. Natürlich fällt Herrn Armona das auf, er amüsiert sich darüber und meint, er hätte es schon geahnt. Warum ich nicht einfach auf der Straße wenden würde? Er mache das immer so. Ich weiß aber bis jetzt ja gar nicht, dass man das überhaupt so macht.

9.3 Über den Tellerrand – Theory of Mind und Empathie

Im vorigen Kapitel versuchten Fenna und Herr Armona, gedanklich die Rollen zu tauschen, die Perspektive des jeweils anderen einzunehmen. Fenna fährt, Herr Armona ist Beifahrer, aber geschrieben wurde jeweils der Beitrag des anderen – auch wenn der Tausch wahrscheinlich schon wegen des Sprachduktus' relativ offensichtlich ist. Auch zeigte sich im nachfolgenden Gespräch, dass der Perspektivwechsel nur sehr eingeschränkt klappte.

Der Begriff „Theory of Mind" (nachfolgend ToM) bezeichnet einfach ausgedrückt die Fähigkeit, sich in andere Personen hineinzuversetzen. In der Psychologie und den Kognitionswissenschaften findet sich dieser Begriff vor allem als sogenannte „Mentalisierung" (Fonagy 2011), zusammengefasst aus verschiedenen Formen des Sich-Hineinversetzens. Bei einer korrekt entwickelten ToM sind Menschen ab einem gewissen Alter in der Lage, mentale Zustände anderer Personen zu repräsentieren, wiederzugeben und als vom eigenen Wissen unterscheidbar zu benennen. In den Bereich der ToM gehört außerdem die Fähigkeit, andere Menschen zu täuschen oder zu belügen (Fangmeier 2016, S. 54).

Mittels Textmaterialen und erzählten Kurzgeschichten kann diese Fähigkeit gut untersucht werden. Ein klassisches Beispiel für eine solche Geschichte gibt folgender Textauszug, von Kai Vogeley (2016) übernommen ist:

„Ein Räuber, der soeben ein Geschäft ausgeraubt hat, flüchtet. Als er nach Hause rennt, sieht ein Polizist, wie er einen Handschuh verliert. Der Polizist weiß nicht, dass der Mann ein Räuber ist, er will ihm nur sagen, dass er einen

Handschuh verloren hat. Aber als der Polizist dem Räuber zuruft: ‚Halt, warten Sie!', dreht sich der Räuber um und ergibt sich. Er nimmt die Arme nach oben und gibt zu, dass er den Ladendiebstahl begangen hat."

Dem Leser wird anschließend die Frage gestellt, warum der Räuber sich ergibt. Eine korrekte Beantwortung der Frage setzt voraus, dass der Leser imstande ist, sich in die Position des Räubers zu versetzen (unabhängig davon, ob er selbst schon einmal einen Laden ausgeraubt hat). Der Leser hat einen Wissensvorsprung gegenüber den in der Geschichte handelnden Personen, denn er weiß, dass der Polizist den Mann überhaupt nicht als Räuber identifiziert hat. Um das Verhalten des Räubers sinnvoll erklären zu können, muss der Leser aber gleichzeitig im Blick haben, dass dieser eben nicht über diesen Wissensvorsprung verfügt und demnach davon ausgehen müsste, erwischt worden zu sein. Der Räuber unterliegt demnach einer „falschen" Überzeugung, die für den Leser offenkundig ist, weswegen Aufgaben dieser Art auch als „false-belief"-Aufgaben bezeichnet werden.

Eine weitere Möglichkeit, die ToM bei einem Kind zu testen, besteht darin, es einer Wettbewerbssituation auszusetzen, in der es seine eigenen Absichten verschleiern muss. Der Ablauf eines solchen Tests sei hier ebenfalls kurz dargestellt: Das Kind wählt aus einer Reihe von Stickern einen begehrenswerten, einen weniger begehrenswerten und einen überhaupt nicht begehrenswerten Sticker aus. Anschließend bekommt es zwei Puppen vorgestellt, die eine wählt nie den Sticker, den das testende Kind wählt, die andere hingegen tritt in eine Konkurrenzsituation und wählt den Sticker, den das Kind ebenfalls wählt. Vor jedem Wahldurchgang erfährt das Kind, welche Puppe beteiligt sein und wie diese vorgehen wird. Bei der anschließenden Wahl wird getestet, ob das Kind in der Lage ist, einen weniger begehrenswerten Sticker zu wählen, wenn die konkurrierende Puppe im Spiel ist, um selbst anschließend den begehrenswerten Sticker zu erhalten (Fangmeier 2016, S. 55). Kinder mit einer entsprechend entwickelten ToM sind ohne größeren Probleme in der Lage, dieses planende Täuschungsverhalten an den Tag zu legen, wohingegen gleichaltrige Kinder mit Autismus-Spektrum-Störung bei diesem Test deutlich schlechter abschneiden.

Tony Attwood (2012, S. 146 ff.) sieht in der mangelhaft ausgebildeten Fähigkeit der ToM bei autistischen Kindern den Grund für das beschriebene Phänomen, Gesichtsausdrücke und Tonfälle nicht korrekt deuten zu können. Auch das bei vielen Menschen mit einer Autismus-Spektrum-Störung vorkommende konkretistische Verständnis von Sprache führt er – im Zusammenhang mit der mangelnden Prosodie-Erkennung – auf eine schwach ausgeprägte ToM zurück. Die bei vielen autistischen Menschen zu beobachtende Unfähigkeit zu lügen sowie das vermeintlich „besserwisserische" Verhalten in unpassenden Situationen lägen an dem Mentalisierungsdefizit. Ohne eine voll ausgebildete ToM sei es nicht möglich, soziale Situationen schnell, umfassend und korrekt zu erfassen und entsprechend und angemessen darauf zu reagieren.

Fenna beschrieb in einem der Treffen, dass ihr erst im Alter von etwa zwölf Jahren aufgegangen sei, dass die sie umgebenden Menschen *nicht* wissen, was sie weiß. Bis heute unterlaufen ihr immer wieder klassische ToM-Fehler, weil sie voraussetzt, dass ihre Gesprächspartner den gleichen Wissensstand haben wie sie und gar nicht auf die Idee kommt, dass andere Menschen nicht wissen, was gerade ansteht.

Eng mit der ToM verknüpft, aber nicht mit ihr identisch ist die Empathie.

„Unter Empathie versteht man die Fähigkeit, das innere Erleben einer anderen Person, das sich aus Gefühlen, Gedanken, Wünschen oder Handlungsabsichten zusammensetzen kann, nachzuempfinden im Sinne eines ‚Einfühlungsvermögens'" (Vogeley 2016, S. 29).

Identisch mit der ToM ist hierbei die Fähigkeit, mentale Zustände anderer Menschen zu erkennen, zu verstehen und auch vorherzusehen. Zusätzlich dazu wird Empathie mit Mitgefühl oder Mitleid in einen Zusammenhang gebracht.

Interessant ist in diesem Zusammenhang die Ansicht, die von den Ärzten der Uniklinik Freiburg im Rahmen der Diagnostik und Gruppentherapie für Personen mit hochfunktionalem Autismus und Asperger-Syndrom in der Psychiatrischen Abteilung entwickelt wurde. Entgegen der landläufigen pauschalen Meinung, dass Personen mit Autismus-Spektrum-Störungen nicht empathiefähig seien, sich nicht in andere Menschen hineinversetzen und Emotionen nicht interpretieren könnten, beruft man sich dort auf zwei verschiedene Anteile von Empathie. So sei es korrekt, dass Personen mit einer Autismus-Spektrum-Störung Probleme haben, bei anderen Menschen Emotionen zu erkennen.

„Sie haben dagegen häufig weniger Schwierigkeiten, empathisch zu sein und mitfühlend darauf zu reagieren, sobald sie die Emotion einer anderen Person identifiziert haben" (Fangmeier 2016, S. 60)

Daher differenziert man in Freiburg (wie auch Paul Ekman) in eine kognitive Empathie als den Bereich, in dem Personen mit Autismus-Spektrum-Störungen Schwierigkeiten haben (also der Teil, der für das Erkennen der Emotionen zuständig ist) und einer emotionalen

Empathie, in der bei diesem Personenkreis weit weniger Schwierigkeiten vorliegen. Im Rahmen der in Freiburg stattfindenden Gruppentherapie (FASTER) konnte beobachtet werden,

> *„dass von Teilnehmern berichtete Gefühle wie Trauer, Wut, Angst, etc. von den anderen Gruppenteilnehmern empathisch aufgenommen und einfühlsam kommentiert wurden. Dieses Mitfühlen ist jedoch für eine neurotypische [Anm. der Autoren: nicht-autistische] Person kaum direkt erkennbar"* (Fangmeier 2016, S. 61).

Zusammenfassend für wohl alle Menschen mit einer Autismus-Spektrum-Störung lässt sich sagen, dass:

> *„[d]er sonst schnell und intuitiv erfassbare Gesamteindruck von einer anderen Person [...] von Autisten aus verschiedenen Hinweisreizen erst ‚ausgelesen' und bestimmt werden"* (Fangmeier 2016, S. 57) muss.

Konkret heißt das: Was nicht-autistische Menschen vollkommen automatisch machen, muss von Menschen mit einer Autismus-Spektrum-Störung bewusst wahrgenommen, ausgewertet und eingeordnet werden. Das ist nicht nur langsamer, sondern auch wesentlich anfälliger für Fehler und Missverständnisse, sodass gerade bei Begegnungen mit anderen für autistische Personen hier die meisten Schwierigkeiten entstehen. So kann laut Kabsch (2018, S. 37) auch nur beiläufig geäußerte Ironie schwerwiegende Auswirkungen haben:

> *„Beispielhaft kann hier das bei Autist_innen fehlende Verständnis von Ironie angeführt werden, da Menschen mit Autismus sich keine Hypothese über die Absicht und den Gesamtkontext des Gegenübers bilden können. Somit können*

sie eine komplexe Kommunikation mit der Komponente, dass das, was ausgesprochen wird, nicht wortwörtlich gemeint ist, sondern im Falle der Ironie eine ins Gegenteilige abzielende Aussage beinhaltet, nicht entschlüsseln. Ebenso erklären sich damit eine fehlende Anteilnahme oder sozial inadäquates Verhalten auf Gefühlsäußerungen, wie wütendes Lautieren, Toben oder anklagende Strenge, leichter."

Literatur

Attwood, T. (2012). *Ein ganzes Leben mit dem Asperger-Syndrom* (2. Aufl.). Stuttgart: Trias.

Fangmeier, T. (2016). Pathogenetische Modelle. In T. L. van Elst (Hrsg.), *Das Asperger-Syndrom im Erwachsenenalter und andere hochfunktionale Autismus-Spektrum-Störungenen* (2. Aufl.). Berlin: MWV Medizinisch Wissenschaftliche Verlagsgesellschaft.

Fonagy, P. (2011). *Affektregulierung, Mentalisierung und die Entwicklung des Selbst.* Stuttgart: Klett-Verlag.

Kabsch, J. (2018). *Lebensweltorientierung und Autismus. Lebensweltorientierte Soziale Arbeit mit Menschen mit Autismus-Spektrum-Störung.* Heidelberg: Springer-Verlag.

Vogeley, K. (2016). *Anders sein. Autismus-Spektrum-Störungen im Erwachsenenalter* (2. Aufl.). Weinheim: Beltz.

10

Die Re:Publica 2014

Herr Armona

Ich bin bei vielen Dingen durchaus nachlässig mit meiner Sorgfalt. Ich bin täglich am Improvisieren, sei es bei der Planung meiner Termine oder sonstiger Angelegenheiten. Eine sich ständig ändernde Tagesstruktur macht mich nicht nervös. Ich mag nicht nur Flexibilität, ich lebe sie auch. Ich weiß, dass es bei Fenna eher entgegengesetzt ist. Umso erstaunter bin ich, wie sie unsere Berlin-Fahrt zur re:publica vorbereitet. Oder besser gesagt, eben nicht vorbereitet. Zumindest für mich wahrnehmbar.

Ich fühle mich vor Seminaren oder Vorträgen, die ich selbst halte, nur dann extrem unsicher und unvorbereitet, wenn ich nicht einen genauen Fahrplan habe. Ich benötige eine ganz klare und differenzierte Struktur der Inhalte, die ich vortragen möchte. Das gibt mir dann Sicherheit und Raum für meine kleinen Improvisationen und Späßchen. Bei der re:publica stehen uns nur etwa 20 min zur Verfügung, plus der anschließenden Fragen. Wenn ich hier nicht ganz genau weiß, was ich wann sagen möchte, werde ich unruhig. Und ich möchte den Zuhörern, die sich ja extra die Zeit für den Vortrag nehmen, bestmöglich über unser Projekt informieren. Ohne mich zu verzetteln.

Fenna

Herr Armona hat mich bereits mehrfach auf den kommenden Vortrag angesprochen. Und deutlich gemacht, dass er nicht gerade die Ruhe in Person ist. Mich wundert das, denn er ist erfahren in Vorträgen. Ich hingegen bin zugegebenermaßen überfordert. Da ist einerseits die Fahrt, bei der ich noch nicht genau weiß, wie es abläuft. Hin mit dem Wagen, ja. Zurück auch bis nach NRW, aber dort trennen sich unsere Wege und ich muss mit dem Zug weiter. Ich habe mehrere Verbindungen rausgesucht, weiß aber nicht, welche wir zeitlich erreichen werden. Damit ich mich nicht verrückt mache, versuche ich, das Problem zu verschieben. Erst die Hinfahrt. Dann der Vortrag. Und dann kann ich mich erst um die Rückfahrt kümmern. Dann ist da noch die Stadt selbst. Berlin. Dieses Wort macht mir mehr Sorgen als alle Vorträge zusammen. Wenn es einen real gewordenen Albtraum gibt, dann ist das Berlin. Ich bin niemand, der Emotionen gut einordnen kann, aber die Stadt ist einer der Inbegriffe meiner Angst. Eine Angst, die lähmt und alles blockiert. Und ich weiß, dass ich, wenn ich zu genau darüber nachdenke, freiwillig keinen Fuß nach Berlin setzen werde.

Und dann ist da noch der Vortrag. Es ist ungewohnt, mit jemandem gemeinsam etwas zu machen. In der Uni habe ich das vermieden, die Referate immer so gelegt, dass ich sie alleine halte. Dieses Hin- und Herspielen von Worten, das ist nicht meins. Bin ich allerdings alleine, dann weiß ich, dass das klappt. Ich habe kein Problem, vor Menschen zu reden, so lange ich nicht MIT ihnen reden muss. Auf meinem Fachgebiet bringt mich nichts aus der

Ruhe, keine Frage, kein Querulant, nichts. Da bewege ich mich vollkommen sicher, weiß, wo ich hin möchte. In meinem Kopf ist alles sortiert und ich weiß, dass es genau in dem Moment griffbereit ist, in dem ich es brauche. Ich erkläre es mit einem großen Apothekerschrank mit vielen Schubladen – ich weiß genau, wann ich welche Schublade aufmachen muss und was sich darin befindet.

Herr Armona
Ich merke, dass ich zunehmend unruhiger werde, weil Fenna offenbar keinerlei Anstalten macht, sich ebenfalls in ähnlicher Form vorzubereiten. Ich muss sie regelrecht bitten, mit mir ein gemeinsames Konzept für unsere Co-Moderation zu erstellen. Das hatte ich so nicht erwartet. Fenna meint lediglich, dass ich den Einstieg machen solle und dann würden wir uns irgendwie abwechseln. Und ihr wäre ja auch im Großen und Ganzen schon klar, was sie sagen wolle. Und in der Regel wäre sie auch nach den ersten Minuten „warmgelaufen". Es würde dann immer besser funktionieren mit ihrem freien Vortrag.

Ich denke, dass wir gut harmonieren werden. Sie auf ihre Art und Weise, ich auf meine. Und ich denke, dass sie ähnlich denkt. Aber vermutlich gepaart mit ihren generellen Zweifeln und Unsicherheiten.

Fenna
Herr Armona möchte alles aufgeschrieben haben. Und vorher üben. Wort für Wort. Ich soll mir vorstellen, dass auf der leeren Couch das Auditorium sitzt. Kann ich nicht. Da ist eine leere Couch. Er rennt durch das Wohnzimmer und spricht in den Raum. In meinem Kopf herrscht Leere. Warum soll ich einem ebenso leeren Raum etwas erzählen? Ich versuche, mitzumachen. Bei diesem „Üben". Und komme mir ziemlich albern vor. Herr Armona will ein Konzept. Auch hier bin ich verwirrt. Wenn ich beginne,

das Konstrukt in meinem Kopf aufzuschreiben, wird das ein Roman. Auf Stichpunkte, das Wesentliche zusammenstreichen, das kann ich nicht. Und wenn ich ein Blatt Papier vor mir habe, lese ich ab. Dann ist es mir nicht mehr möglich, frei zu formulieren. Also kommt das gar nicht erst infrage. Es ist auch alles da, in meinem Kopf. Ich weiß es. Nichts ist improvisiert, alles wie Perlen auf einer Kette aneinandergereiht. Sechs Jahre habe ich so jede meiner Prüfungen bestanden. Ich muss nur den Einstieg kriegen, das ist die einzige Hürde. In Gedanken bin ich bereits jedes mögliche Szenario durchgegangen, immer und immer wieder. Sogar den Fall, dass kein Zuhörer kommt. Wenn ich improvisieren muss, scheitere ich. Also ist jeder Satz exakt geplant, nichts ist einfach so daher gesagt... Aber ich habe gelernt, es so aussehen zu lassen, als ob. Das ist mein tägliches Leben.

Auf einmal fragt Herr Armona nach einer Präsentation. Knappe 24 h vor der re:publica. Ganz toll... ich bin bei 15 min Vortrag davon ausgegangen, dass eine Präsentation zu viel des Guten ist. Außerdem finde ich Folien extrem ablenkend. Die Leute lesen, anstatt zuzuhören. Und überhaupt, 24 h reichen nicht, um eine gute, ausgefeilte Präsentation zu machen, die dem, was wir uns vorstellen, gerecht wird. Mir fehlt die Zeit, mich differenziert damit auseinanderzusetzen. Ob wir wirklich eine Präsentation brauchen, will ich wissen. Ich bringe meine Argumente gegen Folien vor, Herr Armona scheint einverstanden. Keine Präsentation. Als ich zu Hause bin, verbringe ich trotzdem die Hälfte der Nacht damit, zumindest einige Folien zusammenzustellen. Ich mag die Präsentation nicht, sie ist schnell zusammengeschustert und nicht „richtig". Aber sicher ist sicher. Bei Herrn Armona rechne ich immer damit, dass er es sich noch anders überlegt.

Herr Armona
Ich lasse es auf diesen spannenden Versuch ankommen. Ich erstelle und übe regelrecht meinen Part, spreche es uns beiden tatsächlich laut vor. Fenna hört sich das von mir an, lächelt, und gibt ihr „Okay" dazu. Ich merke, dass sie wenig Verständnis für mein Vorgehen aufbringen kann. Andererseits macht sie aber mit, teils amüsiert, teils irritiert. Und wohl mit etwas Neugier. Sie werde dann dieses und jenes dazu sagen. Schriftliche Notizen brauche sie nicht. Ich aber. Ich drucke mir mein Konzept aus. Für Fenna auch eine Kopie. Jetzt fühle ich mich sicherer. Obwohl wir nicht einmal eine Folienpräsentation haben. Brauchen wir nicht, meint Fenna. Sie wählt die freie Improvisation. Zumindest erscheint es so für mich. Irgendwie denke ich, dass das jetzt umgekehrte Welt ist.

Ich habe den Wagen extra noch durch die Waschstraße gefahren und von innen komplett gesaugt und gereinigt. Schließlich wollen wir uns ja auf der langen Fahrt wohl und geborgen im Auto fühlen. Ich habe das Navigationsgerät aufgeladen und die Adresse schon rechtzeitig eingegeben. Ich habe für mich Cola und Butterbrote eingepackt. Für Fenna gekochte Eier, einen Salzstreuer (sie mag Salz), ein gespültes Senf-Glas mit Deckel, gefüllt mit noch gefrorenem Spinat, einen Teelöffel, die richtigen Wasserflaschen. Die Freisprechanlage für mein Handy, unser ausgedrucktes Konzept. Um fünf Uhr morgens soll ich sie abholen.

Ich gehe früh schlafen, damit ich möglichst ausgeschlafen bin. Um Punkt elf Uhr gehen bei mir im Ort sämtliche Straßenlaternen aus. Es wird auf einen Schlag stockduster, lediglich eine kleine Leuchtreklame der Tankstelle bleibt hell. Tankstelle! Ich habe vergessen, den Wagen voll zu tanken. Du lieber Himmel! Ich bin schon fast auf Reserve. In Ostfriesland ist das ein Problem, die Tankstellen machen erst gegen 7 Uhr auf. Ich gehe im Kopf einige Szenarien durch. Es bleibt nur die Hoffnung, dass in der nächsten Stadt eine Tankstelle so früh geöffnet hat. Ansonsten können wir eigentlich gleich die Reise abbrechen. Die Zeit der Anreise wäre zu knapp. Ich ärgere mich maßlos über mich und kann auch nur schlecht deswegen einschlafen.

Fenna
Die Nacht war kurz. Zu kurz. Nicht, dass ich das nicht gewohnt bin. Trotzdem hat mein Gebastel mit PowerPoint zu lange gedauert und zufrieden bin ich nicht. Um vier klingelt der Wecker, pünktlich kurz vor vier werde ich wach. Warum ich eigentlich den Wecker stelle, ist mir manchmal wirklich ein Rätsel. Meine Katze glotzt mich an, zu der Zeit bin ich selten wieder, meistens eher noch wach.

Ich fahre noch einmal den PC hoch, schaue mir auf Google Maps die Strecke an, schaue, wo Baustellen sind und versuche, bei Google Earth die Hallen der Messe zu finden. Bereits am Abend haben wir nach Eingabe der Adresse festgestellt, dass die re:publica wohl am Rande Berlins liegen wird und das gibt mir etwas Sicherheit. So müssen wir nicht in das Zentrum und ich kann vielleicht eher ignorieren, dass ich mich im Monster-Moloch Berlin befinde.

Meinen Rucksack habe ich am Abend vorher gepackt, viel brauche ich sowieso nicht. Um kurz vor fünf verlasse ich das Haus, laufe bis zur Einfahrt und hoffe, dass Herr Armona nicht verschläft. Denn dann müsste ich ihn wecken und auch wenn er sagte, dass ich ihn dann anrufen solle, weiß ich doch, dass ich das nicht machen würde. Eher würde ich ihn mit SMS terrorisieren, die bei meinem Glück auf dem Handy ankommen, das er im Büro hat liegen lassen – oder etwas Ähnliches. Aber nein, alles gut: Zwei Minuten nach fünf sehe ich Scheinwerferlicht.

Herr Armona

Entsprechend müde bin ich am nächsten Morgen. Ich mache mir noch schnell einen Isolierbecher voll mit Kaffee. Ich steige ein und bemerke, dass die Innenraumbeleuchtung defekt ist. Auch die Kofferraumbeleuchtung. Dass das Radio nicht mehr geht, ist mir schon gestern aufgefallen. Dann hat der defekte Anhänger doch mehr Schaden an meinem Auto angerichtet, als ich bisher dachte. Auch der Blinker ist betroffen, das Relais klingt so, als würde es bald auseinanderfallen. Kurzum: Meine gesamte Elektronik ist erheblich angeschlagen, auch der Tacho, die Uhr und die Cockpit-Beleuchtung. Und jetzt vermisse ich auch noch mein Handy. Ich gehe zurück ins Haus und suche alle Zimmer ab. Negativ. Zurück ins Auto. Schwarzes Handy auf schwarzen Polstern ohne Innenraumbeleuchtung gesucht. Ich werde noch nervöser: kein Sprit, ein verlorenes Handy und Fenna zu spät abholen. Es kann kaum noch schlimmer kommen. Ich taste auf der Rückbank herum, finde das Telefon unter meiner schwarzen Jacke.

Ich fahre dann sofort los zu Fenna. Und überlege hin und her, wie ich es ihr mit dem Spritmangel erzählen soll. Wird sie nervös werden? Oder ärgerlich?

Ich bin nun doch noch pünktlich bei ihr. Um diese Zeit wird nicht geblitzt. Ich frage sie sofort, ob sie zufällig einen Ersatzkanister mit Diesel habe. Nein. Ich erkläre den Hintergrund meiner Frage. Darauf antwortet sie unerwartet „trocken" und gelassen: „Warum fahren wir dann nicht einfach tanken?" Ich antworte: „Weil ich glaube, dass noch alle Tankstellen geschlossen sind, aber vielleicht hat ja eine in der Stadt schon geöffnet". Ich bin schon wieder überrascht. Der Spritmangel scheint Fenna nicht im Geringsten zu beeindrucken.

Fenna
Beim Einsteigen fragt mich Herr Friedirch, ob ich Diesel hätte. Auf meine Verneinung erklärt er, dass er vergessen habe zu tanken. Mein Blick auf die Tankuhr zeigt: Reservebalken. Nicht, dass das sehr aussagekräftig wäre. Mein Wagen fährt noch 50 Km, wenn die Reserve anspringt. Ich kann nicht einschätzen, inwiefern die Sorge Herrn Armonas, liegen zu bleiben, echt ist. Er macht viele Witze und Scherze, und häufig falle ich darauf herein. Der Wagen fährt noch und die nächsten Tankstellen sind nicht so weit. Auch wenn er mir erklärt, dass ein leerer Tank in Ostfriesland schon ein Problem sein kann. Zugegeben, manche Sachen sind hier schon seltsam. Boßel-Gruppen auf der Landstraße zum Beispiel, die den gesamten Verkehr blockieren. Apotheken und Postschalter, die mittwochs und Samstag ab Mittag zu haben. Geschäfte, die bereits um 19 Uhr schließen. Und Menschen, die ein so tiefes Friesisch sprechen, dass ich mir vorkomme, als sei ich in Afrika. Aus der Großstadt bin ich das nicht gewohnt. Allerdings kann ich mir nicht vorstellen, dass es hier im Umkreis von mehreren Kilometern keine Möglichkeit zum Tanken gibt. Und ich kann mir auch nicht vorstellen, dass Herr Armona das nicht weiß. Also stufe ich den vermeintlichen Sprit-Mangel als einen seiner Scherze ein, schlage ihm vor, einfach zu tanken und beschließe, nicht näher darauf einzugehen.

Herr Armona
Fenna hat Recht. Schon nach wenigen Kilometern kommen wir an einer Tankstelle mit EC-Karten-Bezahlung vorbei. Diese Tankmöglichkeit war mir bis jetzt unbekannt. Wir tanken den Wagen voll und erst jetzt finde ich meine Entspannung wieder, kann die Fahrt sogar genießen. Ich schlürfe nun endlich an meinem Kaffee und reiche Fenna eine ihrer richtigen Wasserflaschen. Wir beginnen wieder einmal ein

interessantes und kurzweiliges Gespräch. Es liegen ab jetzt etwa 550 Km vor uns.

Fenna
Nach zwei Kilometern erreichen wir eine Tankstelle. Die zwar geschlossen ist, aber ein EC-Terminal hat. Ich sehe das bereits beim Reinfahren und mache darauf aufmerksam. Ratlosigkeit von links. Wieder bin ich unsicher. In meiner Studienstadt habe ich fast nur an SB-Tankstellen getankt, dort gibt es keinen Schalter und keine Bedienung. Keine Menschen. Und keine Öffnungszeiten. Auch in Ostfriesland habe ich diese Tankstellen bereits ausfindig gemacht, sie sind meine bevorzugten Orte zum Tanken. Aber Herr Armona scheint hier Neuland zu betreten. Bei der Bedienung des Terminals muss ich ihm helfen. Er scheint das wirklich noch nie gemacht zu haben. Willkommen im 21. Jahrhundert…

Als er wieder einsteigt, meint er, dass er wirklich Sorgen hatte, dass wir ohne Sprit liegen bleiben. Ich frage mich, ob er den Witz so lange wiederholt, bis ich zu erkennen gebe, dass ich ihn verstanden habe. Oder meinte er das doch ernst?

Herr Armona
Irgendwie ist es eine skurrile Situation. Da sitzen wir beide im Auto und sind vermutlich jeweils äußerst gespannt und interessiert, wie sich nun der andere den Rest des Tages verhalten wird. Und was sonst noch so alles auf uns zukommt. Auf meiner Seite ist es eher eine freudige Spannung, bei Fenna bin ich unsicher. Sie wirkt allerdings auf mich zuversichtlich und selbstbewusst. Ich hatte sie schon ganz anders erlebt.

Ich frage Fenna, ob ich mein Butterbrot auspacken dürfe, ob es sie nicht stört, wenn ich esse. Es ist Ordnung. Ich biete ihr auch ein Brot an, sie lehnt dankend ab. Heute mal nicht.

Wir lachen. Wir fangen an zu erzählen, ich wieder zu fragen. Vielleicht zu viel. Allerdings habe ich nicht den Eindruck, dass es Fenna stört. Im Gegenteil, ich finde, wir besprechen interessante Themen. Ich bitte sie zwischendurch, das Navi zu programmieren.

Fenna
Die Autobahnen sind frei. Darüber bin ich ganz froh. Ich mag das gleichmäßige, stete, für andere oft eintönige Fahren auf der Autobahn. Herr Armona stellt viele Fragen. Das ist in Ordnung, es stört mich nicht. Ich denke zwischenzeitlich, dass er wirklich aus Interesse fragt und nicht nur aus Höflichkeit.

Irgendwann greift er nach hinten und kramt in Alufolie eingewickeltes Brot heraus. Er fragt mich um Erlaubnis, ob er essen dürfe, was ich seltsam finde. Es ist sein Auto und ich bin sicher in keiner Position, irgendetwas zu verbieten. Das Knistern der Folie ist laut, der Geruch des Brotes zieht durch den Wagen. Die Kilometer Richtung Berlin schrumpfen zusehends.

Herr Armona
Wir fahren und fahren und fahren, und die Zeit wird nicht lang. Irgendwann mache ich eine Pause an einer Raststätte. Wir gehen auf die Toilette. Ich bin wohl eher fertig, gehe zum Wagen, kehre aber irgendwann zurück. Ja, wie bereits vermutet, Fenna wartet noch am Eingang der Toiletten auf mich, dort hatten wir uns zuletzt gesehen. Ich spreche sie an, sie erkennt mich, und wir gehen dann zusammen zum Auto.

Wieder auf der Autobahn frage ich, ob Fenna den Warp-Antrieb höre. Sie lauscht, sagt dann aber, dass das nicht der Warp-Antrieb wäre, sondern dass es sich dabei um Fahrgeräusche handele. Ich sage, nein, das wäre der Warp-Antrieb. Wir haben das dann nicht weiter ausdiskutiert. Etwas später durchfahren wir eine Baustelle, ich fahre natürlich viel zu schnell hinein. Ein Arbeiter spritzt mit einem Hochdruckreiniger irgendwelchen klebrigen Dreck von der Fahrbahn. Wir fahren durch die Dreckwolke, das bisher schöne saubere Auto sieht jetzt aus wie nach einer längeren Rallye-Tour. Fenna lacht darüber.

Fenna
Mehr als einmal fährt Herr Armona wieder zu schnell. Ich gebe ihm heute zehn Stundenkilometer „Toleranz", bevor ich mich melde. Gerade bei den Baustellen neigt er dazu, die Geschwindigkeitsbegrenzungen zu „übersehen". Auf den ersten Schildern taucht „Berlin" auf. Die Kilometer werden zusehends weniger. Die Autobahn ist zwischendurch fast verlassen, irgendwann passieren wir die ehemalige deutsch-deutsche Grenze. In solchen Momenten würde ich gerne eine Zeitreise machen, einige Jahre zurückreisen und das sehen, was nur als Daten in meinem Kopf gespeichert ist.

Herr Armona scheint gut gelaunt. Er macht viele Witze und hat einen kleinen Tick, den ich auch von mir kenne: Alle paar Kilometer betätigt er die Scheibenwischanlage. Ich weiß gar nicht, ob ihm das überhaupt bewusst ist. In einer Baustelle wird die Straße gereinigt, der graubraune Sprühnebel legt sich aufs Auto und die Frontscheibe. Herr Armona schimpft neben mir, weil er das Auto erst geputzt hat und es nun schmutzig ist. Ich merke mir die Situation und beschließe, im Laufe des Tages noch einen Witz darüber zu machen: Bei nächster Gelegenheit werde ich ihn darauf hinweisen, dass er sein Auto ruhig mal hätte putzen können.

Berlin ist nicht mehr weit. Mit den Augen suche ich die Horizontlinie ab, ob etwas von der Stadt bereits zu erahnen ist. Aber Berlin tut mir den Gefallen nicht – die Stadt taucht relativ unvermittelt auf, man kann sich nicht darauf vorbereiten, man ist plötzlich einfach da.

Herr Armona

In Berlin finden wir schnell die im Navi eingegebene Adresse. Leider im falschen Stadtteil. Wir können es beide kaum fassen. Bis wir den Fehler merken, sind wir einige Male durch die Wohngebiete gekreist. Das neue – und jetzt richtige – Ziel in Kreuzberg ist 18 Km entfernt. Quer durch die Stadt. Fenna fragt, ob ich hier leben könnte. Wir fahren an Plattenbauten vorbei. Ich antworte mit ja, aber es käme darauf an. Ich muss mich aber auf den wuseligen Verkehr konzentrieren. Ich sehe für eine Sekunde das Hotel Adlon und das Brandenburger Tor. Mittendrin versagt mein linker Blinker. Das ist beim Spurwechsel sehr unangenehm und hinderlich. Der rechte geht noch. Ich merke, wie Fenna zusehends nervöser wird. Die Stadt, ein wahr gewordenes Ungeheuer, ein Moloch. Ich mag die Stadt, Fenna offensichtlich nicht.

Fenna

Irgendwas stimmt hier nicht. Wir fahren durch Plattenbauten durch, die Straße stimmt, die Hausnummer auch. Aber nach einer Messe sieht hier mal so gar nichts aus. Herr Armona lenkt seinen Wagen sicher durch den Verkehr, ich wäre schon wahnsinnig geworden. Allein die Straßenbahn macht mich nervös, ich traue diesen Dingern auf Schienen nicht. Und den anderen Verkehrsteilnehmern noch weniger. Wie sich herausstellt, gibt es die Straße in Berlin zweimal. Ganz toll. Verdammte Stadt. Und dann kommt der GAU – statt am Stadtrand zu bleiben, müssen wir mitten durch Berlin durch. Von Marzahn nach Kreuzberg.

Herr Armona fragt mich, ob ich eine Cindy aus Marzahn kenne. Ich antworte, dass ich niemanden kenne, der in Berlin lebt und denke mir, dass ich auch alleine mit dem Vornamen wenig anfangen könnte. In Berlin gibt es sicher tausende Menschen mit Namen Cindy. Offenbar habe ich irgendwas Komisches gesagt, denn Herr Armona lacht. Mir ist das Lachen eigentlich vergangen. Vorbei an Hochhäusern mit Wohnungen, die aussehen wie gestapelte Rattenkäfige, fahren wir durch dieses Monster von Stadt. Herr Armona hat das Fenster offen, der Straßenlärm ist ohrenbetäubend. Die Stadt stinkt. Der Verkehr ist ein einziges Chaos, überall sind Menschen, Reklameschilder, bunte Schaufenster, Ampeln, Schilder, Straßenbahnschienen, Dreck, kaputten Scheiben, vernagelte Türen. Herr Armona weist mich auf das Brandenburger Tor hin, aber ich kann es in dem Gewühl aus Fassaden nicht erkennen, wir sind zu schnell dran vorbei. Ich schließe immer wieder die Augen, nur für ein paar Sekunden. Ein paar Sekunden, in denen das Chaos Berlins nicht existent scheint. In meinem Kopf macht sich ein steter Druck breit. Wir sind in der Hölle angekommen.

Herr Armona
Plötzlich sind wir da. Wir finden sogar schnell das Parkhaus. Reingefahren, ausgestiegen, schnurstracks zum Registration Desk für die Speaker. Wir sind angekommen, und Fenna ist fast am Ende. Ich merke, wie schwer es ihr fällt, das kleine Identifikationsbändchen um ihr Handgelenk zu binden. Und ich merke, wie angespannt ich plötzlich bin. Wie sehr ich mich orientieren muss, und wie schwer mir plötzlich der Kontakt zu Fenna fällt. Jetzt habe ich auch noch meine Brille im Wagen vergessen. Ich muss zurück, Fenna wartet in der Ecke eines Brückenpfeilers. Als ich mit der Brille wieder da bin, sitzt sie zusammengekauert am Boden. Sie steht auf und ich merke, wie ihr jeder weitere Schritt immer schwerer fällt. Ich merke leider jetzt noch nicht, dass ich ihr offenbar immer weniger helfen kann.

Fenna
Bereits auf dem Weg zur Messe verliere ich Herr Armona einmal. Er läuft zu schnell, ich kann nicht mithalten, weil ich den Menschenmassen ausweichen muss, die unkoordiniert um mich herum sind. An der Speaker

Registration verpasse ich meinen Einsatz, ich habe nicht bemerkt, dass ich angesprochen wurde. Ich möchte die Armbänder nicht und frage, ob ich sie auch in die Hand nehmen darf. So vermeide ich, dass mir jemand am Arm herumfummelt und mich anfasst. Leider klappt die Taktik nur bis zum Eingangstor, dort muss ich das Band dann doch umbinden. Mit einer Hand versuche ich, das Band am anderen Handgelenk zu befestigen, bin froh, dass die Dame am Eingang nicht fragt, ob sie helfen soll. Um mich herum wuseln Menschen, es ist laut.

Herr Armona hat seine Brille vergessen, muss noch einmal ins Auto. Ich finde eine Nische unter einer Brücke, warte dort auf ihn. Die Wand im Rücken gibt etwas Sicherheit. Ein rotweißes Band flattert im Wind. Ich höre Musik aus der Ferne, Stimmen aus Lautsprechern, verzerrt und nicht verstehbar. Die Menschen laufen an mir vorbei. Schuhe. Sandalen, braune Schuhe, Lederschuhe, Turnschuhe, Sneakers, auf Hochglanz polierte Schuhe wandern durch mein Blickfeld. Von links nach rechts, von rechts nach links, manche drehen wieder um, einige laufen auf mich zu, schwenken ab. Karierte Hose. Loch in der Strumpfhose. Pullover mit aufgetrennter Naht. Manche Gesprächsfetzen sind auf Deutsch, andere auf Englisch. Ein Handyklingeln. Eine Rückkopplung eines Lautsprechers. Über mir rattert eine Straßenbahn entlang. Das knisternde Flattern des Absperrbandes. Ich möchte mir die Ohren zuhalten. Unsichtbar sein. Verschwinden.

Herr Armona taucht wieder auf. Will die Bühne suchen, in der gleich der Vortrag stattfinden soll. Ich hefte mich an seine Fersen, versuche, die Füße nicht aus den Augen zu verlieren. Mein Blickfeld engt sich ein, als würde ich durch einen Tunnel schauen. Immer wieder muss ich Menschen ausweichen. In der Halle selbst wird es noch unangenehmer. Die Luft ist stickig und warm, von der Decke hängen Banner in verschiedenen Farben, die Menschen laufen kreuz und quer. Die Akustik ist seltsam, der Schall fängt sich unter der Decke und wird zurückgeworfen wie ein leichtes Echo, das sich vermischt. Um ein Haar wäre ich gegen Herrn Armona gelaufen. Wir scheinen da zu sein.

Herr Armona
Wir gehen über den Vorplatz, überall Menschen, Musik, Gewusel. Ein zum Leben erwachtes Wimmelbild. Fenna geht hinter mir her. Erst sollte sie neben mir gehen, aber das scheint nicht zu klappen. Sie geht langsamer als sonst, ich passe auf, sie nicht zu verlieren. Uns zu verlieren. Wir gehen in die Halle, ich bin noch gar nicht richtig angekommen. Und gleich geht es schon los. Leider erst gleich, wir müssen noch 45 min warten. Und uns 20 min vor unserem Auftritt beim Moderator melden. Und bis dahin stehen wir im wahrsten Sinne des Wortes zunächst „wie bestellt und nicht abgeholt" vor unserem Saal, in dem wir vortragen sollen.

Ich überrede Fenna, mit hinein zu gehen. Im Flur davor ist es so laut und hektisch. Wir machen die Tür auf, und finden noch so gerade einen freien Stehplatz an der Wand. Es ist überfüllt und beklemmend. Der Kontakt zu Fenna ist jetzt abgebrochen, ich merke es, aber es wird mir wohl noch nicht richtig bewusst. Ich versuche die Atmosphäre und die soziale Dynamik im Raum zu verstehen, damit ich mich auf unseren Vortrag vorbereiten kann. Als ich mich umdrehe, ist Fenna verschwunden. Ich habe nicht bemerkt, dass sie den Raum verlassen hat. Jetzt müssten wir uns eigentlich beim Moderator melden. Aber ich suche Fenna, finde sie wieder vor der Tür. Sie ist am Ende. Ich merke es.

Fenna
Der Saal ist gerammelt voll, die Luft riecht unangenehm. Aus den Nachbarräumen sind Stimmen zu hören, klatschende Hände, ein ekliges, in den Ohren

schmerzendes Geräusch, wieder Stimmen. Menschen laufen kreuz und quer an uns vorbei. Ich will raus, Herr Armona hingegen rein. Der Vortrag im Saal ist auf Englisch. Ich kann mich nur schwer konzentrieren, die Menschen stehen zu dicht. Ich höre das Tippen von Fingernägeln auf Handydisplays, das hochfrequente Summen der Lautsprecher, ein Scheinwerfer strahlt die Wand an, jemand rückt mir auf die Pelle, die Leute rutschen raschelnd auf den Stühlen, immer wieder geht die Tür auf und zu, eine Frau mit penetrantem Parfüm taucht direkt hinter mir auf, drängelt sich an mir vorbei. Ich verstehe den Redner nicht mehr, und das liegt nicht am Englisch. Raus. Ich muss raus. Irgendwann finde ich mich vor der Tür wieder, weiß nicht so recht, wie ich dorthin gekommen bin. Herr Armona ist verschwunden. Vor mir redet jemand, ich kann ihn nicht verstehen, weiß nicht, ob ich gemeint bin oder nicht. Weiße Wände, Schmutz und schwarze Ränder. Papierfetzen auf dem Boden, ein Riss an der Wand, rostiges Scharnier an der Tür. Rosafarbene Bänder, Karten, klappernde Schuhe gehen an mir vorbei. Irgendwo scheint Musik. Das Rauschen in meinen Ohren wird lauter.

Herr Armona
Wir gehen dann doch noch rein. Melden uns vorne an. Ich erkläre dem Moderator, dass es schwierig werden wird, dass Fenna große Probleme hat. Er klopft ihr unvermittelt auf die Schulter, ich reagiere zu spät. Und ich denke gleichzeitig, dass es das wohl war. Ich versuche zu Fenna zu sprechen, merke aber auch fast körperlich, wie schwerfällig und scheinbar unverständlich meine Worte zu ihr gelangen. Wir fragen, was gemacht werden soll. Sie entscheidet, sonst keiner. Ein Bekannter von Fenna steht plötzlich neben uns. Er greift helfend ein. Kümmert sich um Fenna.

Fenna
Wieder rein. Herr Armona meinte, es sei ruhiger, aber dem ist nicht so. Ich stehe in einer Ecke und warte. Höre den stetig schriller werdenden Klangbrei in meinen Ohren, bemerke aber keinen Sinn mehr. Ob Herr Armona in der Nähe ist oder nicht, weiß ich nicht. Durch die Masse an Eindrücken dringt wie ein Stromschlag eine Berührung. Ich weiche zurück, hoffe auf eine Wand in meinem Rücken. Aber hinter mir ist keine Wand, sondern eine Tür, die sich unvermittelt öffnet. Plötzlich ist ein Bekannter da, ich nehme ihn zur Kenntnis, versuche, meine Konzentration auf ihn zu richten. Ich ärgere mich über mich selbst, versuche irgendwie, das Gewusel auszublenden, aber der Druck im Kopf macht es zunehmend unmöglich. Fast gleichzeitig passieren weitere Dinge, ich habe keinen Überblick mehr. Möchte hier raus. Raus aus den Menschen, aus der Wärme, aus dem Geruch, aus den Geräuschen. Und habe das offenbar gesagt – sicher bin ich mir nicht – denn es passiert was.

Herr Armona
Sie kann nicht mehr und sie sagt es auch. Fenna wird mit dem Bekannten einen sicheren Ort aufsuchen. Sie verlässt den Raum. Ich habe den Eindruck, dass sie in guten Händen ist, dass das jetzt die beste Lösung ist. Mir wird das Mikrofon gereicht, knapp hundert Augenpaare schauen mich an. Ich erzähle. Meinen Part. Ich kenne auch Fennas Part durch unsere kleinen Übungseinheiten, ich fühle mich sicher und kann all das berichten, was wir uns vorgenommen hatten. Dann die Fragen des Publikums. Wir bekommen positive Rückmeldungen. Antworte, so gut es geht. Mit Fenna wäre es noch besser, noch richtiger gewesen. Die nachfolgenden Referenten stehen neben mir, gratulieren mir. Übernehmen das Mikrofon.

Fenna
Ich hefte mich an die grüne Tasche meines Bekannten und folge ihr durch die Massen. Noch einmal durch die Halle mit den Bannern, vorbei an Theken, Bühnen, Menschen durch ein unstetes doppeltes Klangecho. Immer weiter raus, ich weiß nicht, wohin. Ich hätte den Autoschlüssel mitnehmen sollen. Irgendwann sind wir auf der Straße, vom Gelände unten. Es ist nicht ruhig und zu hell, aber kein Vergleich zu dem Zustand im Messegelände. Ich wäre lieber im Auto, im Halbdunkel auf der Rückbank, in der relativen Stille. Und noch lieber zu Hause in der Sicherheit meiner eigenen Wohnung.

Durch den dumpfen Kopfschmerz macht sich Ärger breit. Ärger über mich. Die eigene Unzulänglichkeit. Ärger darüber, dass ich offenbar an einfachsten Dingen scheitere. Vielleicht nicht genug versucht habe? Doch noch einige Minuten hätte warten sollen? Ich überlege den Bruchteil einer Sekunde, ob ich zurück soll, es erzwingen soll. Und weiß gleichzeitig, dass ich es damit noch schlimmer machen würde. Das Rauschen in meinen Ohren lässt nur langsam nach, ich habe Schwierigkeiten, mich auf den Bekannten zu fokussieren. Mit den Fingern drehe ich den Fleece meiner Jacke in der Tasche, immer und immer wieder. Gleichförmige Bewegung und der weiche Stoff sind angenehm. Wieder denke ich an das Auto, ärgere mich, dass ich keinen Schlüssel habe – und das Auto wahrscheinlich auch nicht finden würde.

Herr Armona
Ich verlasse den Saal. Suche Fenna. Finde sie aber nicht. Gehe zum Auto, auch dort ist sie nicht. Gehe zurück und werde unruhig. Irgendwann komme ich auf die Idee, auf mein Handy zu schauen. „Stehe am Tor auf der anderen Straßenseite". Dort finde ich sie auch. Erleichtert stelle ich fest, dass sie sich gefangen hat, ihr Befinden sich stabilisiert hat. Wir verabschieden uns

von ihrem Bekannten. Wir laufen zurück zum Parkhaus. Zum Auto. Mit jedem Schritt wird unser Kontakt wieder besser. Das Auto sei ein sicherer Ort für sie. Wie von einem Magneten werden wir von dem Fahrzeug angezogen. Fenna denkt sogar an die Parkkarte, die ich erst noch an der Kasse einlöse. Wir fahren los. Fenna schaltet ihr Tablet ein. Zeigt mir die ersten Twitter-Meldungen. Ich hätte das wohl ganz ordentlich gemacht. Sie selbst ärgere sich über sich selbst. Maßlos. Und ich denke, dass ich ihr vielleicht hätte besser helfen können. Ich denke aber auch, dass wir beide das gut gemacht haben. Dass es richtig war. Das sage ich ihr auch.

Fenna
Herr Armona ist da. Die Zeit erschien mir endlos. Erneut nehme ich seine Füße in den Blick, der Weg zum Parkhaus ist ruhiger als es der Hinweg war. Der Tasche meines Bekannten war es einfacher, zu folgen. Und ich wäre tatsächlich in die falsche Richtung gelaufen. Das Überqueren der Straße bei Verkehr überfordert mich, ich kann die anderen Wagen kaum sehen, geschweige denn ihre Geschwindigkeit einschätzen. Ich möchte ins Auto. Herr Armona erzählt, aber ich bekomme nur die Hälfte mit, wenn überhaupt. Im Wagen angekommen, schlägt die Müdigkeit komplett zu. Erst jetzt merke ich das Zittern meiner Beine. Die Rückenlehne drückt an meine Schultern, unnachgiebig, Sicherheit bietend. Um zu verhindern, dass ich einschlafe, greife ich zum Tablet. Doch selbst die vertrauten Griffe auf dem Gerät fallen mir schwer. Ich merke, dass ich lange brauche, um die Programme zu finden, teilweise direkt vergesse, was ich gerade machen wollte oder ich weiß, dass ich in ein Programm möchte, aber nicht mehr weiß, wo und wie ich es finde. „Selbst einfache Dinge kriegst du nicht mehr hin", denke ich mir und komme mir dumm vor.

Das Navi sucht nur langsam einen Weg aus Berlin. Ich lasse den Blick im Fußraum, nicht noch mehr Großstadt-Gewusel. Mein Ärger wird stetig größer. Und auch die Müdigkeit. Ich komme mir vor wie nach einem Marathon, würde mich am liebsten an Ort und Stelle in die Stille des Schlafes retten. Aber ich weiß auch, dass der Tag immer noch nicht vorbei ist. Und ich noch lange nicht zu Hause bin.

Herr Armona
Wir sitzen im Auto und gleiten raus aus der Stadt. Wir fahren nach Navi, aber die erste Autobahn scheint endlos weit weg zu sein. Wieder quer durch die Stadt, vollgestopfte Kreuzungen, Gehupe, gestresste Autofahrer. Wuseliger Verkehr. Dann bei der ersten Auffahrt verfahren wir uns. Eine kleine Extraschleife, und wir sind wieder auf der richtigen Spur. Mit jedem Kilometer, den wir uns von Berlin entfernen, scheint Fenna weniger angespannt zu sein. Obwohl noch ihre letzte Etappe der Heimreise, die Zugfahrt, sie zu belasten scheint.

Wir reden über den Tag, über Einzelheiten des Messebesuchs, und über ganz andere Themen. Ich hole aus meinem Beutel das gespülte Senf-Glas mit dem Spinat. Ich stelle das Glas vorne auf das Armaturenbrett, direkt in die Sonne. Dadurch soll der Spinat etwas wärmer werden. Fenna schaut ungläubig (mittlerweile bilde ich mir ein, das erkennen zu können). Ob das mein Ernst wäre, fragt sie. Ich antworte: Ja. Und sie könne das ruhig auch im Blog erwähnen. Sie muss lachen. Nach einer Weile gebe ich ihr das Glas und einen extra eingepackten kleinen Löffel. Etwas unschlüssig schaut sie auf das Glas, dann öffnet sie den Deckel und riecht daran. Sie verzieht kaum merklich das Gesicht. Es riecht wohl etwas komisch. Ich nehme ihr das Glas ab, lenke kurzfristig mit dem linken Knie und streue mit dem Salzstreuer eine Ladung Salz in das Glas. Dann reiche ich es ihr zurück: Bitte schön!

Sie riecht erneut daran, scheint jetzt zufrieden zu sein und isst das Glas dann leer. Wir beide müssen lachen.

Fenna
Eines muss ich Herrn Armona lassen: Es gelingt ihm, der Situation bei all dem Chaos eine gewisse Struktur zu geben, an der ich mich orientieren kann. Auch wenn die ganze Fahrt aus meiner Sicht kolossal schief gelaufen ist. Ich weiß, dass dieses komplette Zuviel an Eindrücken auch ganz anders und bei Weitem nicht so glimpflich hätte ausgehen können. Dennoch kämpfe ich gegen eine unendliche Müdigkeit, komme mir vor wie nach einem Marathon.

Als Herr Armona während eines Staus das Glas mit dem vormals gefrorenen Spinat hinter die Frontscheibe in die Sonne stellt, bin ich erst irritiert. Dadurch möchte er den Spinat erwärmen. Das ist… skurril. Sehr skurril. Nein, eigentlich ist das ziemlich verrückt. Ich mag verrückte Sachen.

Herr Armona
Ich blicke immer wieder auf die Uhr. Noch bin ich guter Dinge, dass wir rechtzeitig den frühen Zug für Fenna bekommen. Ich fahre etwas schneller, allerdings kommen immer wieder kleine Staus. Ich frage eher aus Höflichkeit, ob sie einen Kaffee mittrinken würde. Zur Not ginge auch ein Kaffee einer bestimmten Restaurant-Kette. Oh, denke ich, das muss ich jetzt ausnutzen. Mit Fenna einen Kaffee in der Öffentlichkeit zu trinken schien mir eigentlich bisher unvorstellbar. Bei der nächsten Gelegenheit steuere ich einen Parkplatz an und wir gehen rein. Ich nehme einen großen, sie immerhin einen mittleren Latte Macchiato. Wir sitzen tatsächlich in solch einer Bude und schlürfen Kaffee. Dazu wird eine kleine Schokokugel angeboten. Nur der Form

halber frage ich, ob sie ihre essen möchte, weil ich eigentlich gerne beide essen würde. Aber sie sagt, dass sie die Kugel wohl probieren würde. Sie macht es und findet das Essen der Kugel witzig. Ich sage mir, auf dieser Welle müssen wir weiter surfen, daher biete ich ihr auf dem Rastplatz eines meiner mitgebrachten gekochten Eier an. Sie isst eins davon. Wieder mit Salz.

Fenna
Wir halten an einem Rastplatz. Ich entschließe mich, mit einem Kaffee wenigstens zu versuchen, diese Müdigkeit zu vertreiben. Es ist schon lange her, dass ich einen solchen Kaffee hatte, in Ostfriesland gibt es keine Cafés in der Art. Zum Kaffee gibt es eine seltsame Haselnuss-Creme-Kugel, normalerweise würde ich sie liegen lassen. Als Herr Armona über das Gepiepe und Gezische des Cafés hinweg fragt, ob ich sie essen würde, gehe ich kurz den potenziellen Verlauf des Gesprächs durch. Sage ich nein, fragt er nach, ob ich es wirklich nicht möchte. Dann würde ich wieder versuchen, etwas zu erklären – und selbst dazu bin ich gerade zu müde. Außerdem traue ich mich nicht, nach dem Desaster auf der re:publica für heute noch zu irgendetwas nein zu sagen. Wenn Herr Armona mich bitten würde, auf dem Standstreifen der Autobahn nach Ostfriesland zu joggen (nicht, dass ich da besonders talentiert wäre), würde ich wahrscheinlich auch das machen – nur, um den Eindruck zu bekommen, wenigstens etwas für heute hinbekommen zu haben. Also sage ich ja.

Ich möchte nach Hause. In meine ruhige Wohnung, die Welt ausschließen, endlich Ruhe haben, diesen konstanten Druck im Kopf wegbekommen. Der Weg nach Hause scheint mir immer noch unendlich. Und fast unüberwindbar.

Herr Armona
Wir fahren weiter, doch es kommen immer mehr kleine Staus, wir geraten immer mehr in Verzug. Ich bin erstaunt, wie gelassen Fenna damit scheinbar umgeht. Ich verzichte allerdings, da jetzt näher nachzufragen. Am Ende fehlen uns knappe zehn Minuten. Ganz heftiger Platzregen kam auch noch dazu, wir konnten zum Schluss nur noch sehr langsam fahren. Fenna nimmt es offenbar gelassen. Ich habe fast den Eindruck, dass ich mich mehr darüber aufrege als sie. Jetzt fährt sie eine Stunde später. Am Bahnhof ziehen wir die Karte, ich begleite sie bis zum Gleis. Ein Doppeldeckerzug fährt ein. Ich frage sie, ob sie gerne oben sitzt. Ja, sagt sie, sehr gerne. Tschüss.
Tschüss.

Fenna
Wir erreichen den Bahnhof zu spät. Im Laufe des Nachmittags hatte ich zunehmend den Eindruck, dass mich immer weniger Dinge erreichen. Sie passieren einfach, aber sie passieren nicht mir. Ich bin Beobachter eines fremden Geschehens geworden. Als hätte sich etwas in mir einfach abgeschaltet. Der Zug eine Stunde später fährt mit ohrenbetäubendem Lärm ein, es fühlt sich an, als würde der Schall auf den blanken Nerv treffen. Zu laut. Viel zu laut.

Der Zug ruckelt in nördlicher Gegend durch das Land, Stunde um Stunde durch die Dunkelheit. Es scheint kein Ende nehmen zu wollen. Es sind kaum Menschen in dem Abteil, außer den Fahrgeräuschen ist wenig zu hören. Mit jedem Kilometer mehr nimmt die Müdigkeit zu, obwohl ich gedacht hätte, dass das nicht mehr möglich ist. Bis ich schließlich überrascht feststelle, dass mir die Tränen kommen. Spätestens jetzt weiß ich, dass ich meine Grenzen für den heutigen Tag bei Weitem überschritten habe. Und wahrscheinlich Tage brauchen werde, um wieder einigermaßen „alltagstauglich" zu sein.

Um kurz nach Mitternacht erreiche ich meine Wohnung, habe das Gefühl, kaum noch den Weg zu finden. Öffne die Tür, räume die Tasche an ihren Platz, setze mich in der Dusche einfach auf den Boden und lasse das heiße Wasser laufen. Und bleibe sitzen.

11

Epilog I

Mehrere Jahre sind seit meiner ersten Sitzung vergangen. Wenige Monate nach dem ersten Termin und vielen weiteren standen für mich einige schwierige Entscheidungen an. In erster Linie ging es darum, meinem Alltag einen mir angemessenen Rhythmus zu geben. In einem vollen Büro mit Neonröhren, hektischem Gewusel, viel Smalltalk und sozialer Interaktion, ständigen Telefonaten und einem partout nicht vorhersehbaren und einheitlichem Tagesablauf war dieser aber nicht zu finden. Ein halbes Jahr nach Beginn meiner Tätigkeit dort entschloss ich mich zur Kündigung, die Situation war nicht mehr tragbar und brachte mich an den Rand (oder wahrscheinlich über diesen hinaus) meiner Kräfte. Ich wählte den Weg in die Selbstständigkeit, obwohl die vielen Formalitäten, die Region, in der ich lebte und die Lage auf dem Arbeitsmarkt dagegen sprachen. Zu meiner eigenen Überraschung gab es hier jedoch Menschen, die bereit waren, für meine Arbeit auf ein hohes Maß an sozialer

Interaktion zu verzichten. Im Laufe der Monate baute ich mir ein stabiles Standbein auf, bis ich eines Tages von einem Arbeitgeber im sozialen Bereich angeworben wurde. Dort bin ich bis heute mit einigen Stunden tätig, zusätzlich zu meiner selbstständigen Tätigkeit Der inhaltliche Wechsel meiner Arbeit scheint im Rückblick überraschend, im Verlauf der Monate hingegen waren es jedoch logische Schritte.

Ebenso erstaunlich ist, dass sich im Laufe des Jahres die Anzahl meiner Sozialkontakte immens gesteigert hat. Dies habe ich vorwiegend dem Medium Internet zu verdanken, das mir einige – wenn man diese auch als „anonym" kritisieren mag – Kontakte einbrachte. Einige wenige dieser Kontakte haben sich auch bereits aus der Anonymität des Internet ins reale Leben übertragen, es gab nette, zeitlich begrenzte Treffen in wohldosiertem Rahmen, während derer ich keine Matrix mitlaufen, auf angemessenen Blickkontakt achten oder höflich Floskeln austauschen musste. Auch der Arbeitsplatz hat mein soziales Umfeld erweitert. Ich gelte als etwas schräge, aber zuverlässige und damit anerkannte Kollegin. Ein neues Gefühl, dem ich immer noch nicht ganz traue. Aber es hält bereits mehrere Jahre, insofern darf ich es wohl als stabil betrachten.

Also ist eigentlich alles gut. Und doch bleibt eine große Unsicherheit. Ich beobachte den Verlauf und warte darauf, dass etwas passiert. Etwas, dass die ganze Seifenblase zum Platzen und mich zum Abstürzen bringt. Etwas, dass mir zeigt, dass ich schon von Natur aus scheitern muss. Dass all dies hier nicht funktionieren kann, weil es noch nie funktioniert hat. Ich zu viel will, es zu sehr versuche und nachher am eigenen Perfektionismus, den eigenen Ansprüchen und den äußeren Umständen scheitern werde.

11 Epilog I

Vielleicht sind diese Überlegungen müßig, vielleicht auch schlicht falsch – aber dennoch sind sie da. Und warten darauf, bestätigt zu werden. Oder sich vielleicht in Luft aufzulösen.

12

Epilog II

Im Rahmen meiner Seminare an der Hochschule und bei den Lehrkräftefortbildungen erzähle ich gerne einzelne Episoden, die ich mit Fenna erlebt habe. Oft werde ich dann gebeten zu berichten, wie es mit ihr weiterging. Dann muss ich immer schauen, wie viel Zeit noch bleibt, denn in Fennas Leben hat sich fast alles komplett verändert. Denn kurz nach der re:publica hat Fenna ihr Volontariat bei einer Tageszeitung gekündigt. Dieser Schritt fiel ihr sehr schwer und wochenlange Überlegungen und Ängste gingen diesem Ereignis voraus. Die zentrale Frage war, was sie dann machen könne. Sie hatte endlos recherchiert, was infrage käme, vorwiegend weiterhin im journalistischen Bereich. Und obwohl sie im Volontariat schlecht bezahlt wurde, hatte sie wenig Hoffnung, eine Alternative zu finden, die ihr zumindest den nötigsten Lebensunterhalt sichere. In dieser Übergangsphase hatte ich sie einmal eingeladen, eines meiner Seminare für Lehrkräfte zu besuchen. Sie willigte ein und verfolgte fast regungslos das Geschehen. In der anschließenden Manöverkritik nahm sie allerdings kein Blatt mehr vor den Mund. Ich wäre unstrukturiert, genauso wie meine Folien und Handouts. Ich würde teilweise die Fragen nicht beantworten, sondern über ganz andere Dinge erzählen. Ich hätte Wortverdreher und unnötige Wiederholungen. Ihre Liste an Kritikpunkten war lang und ich wusste, dass sie mit den meisten Recht hatte. Obwohl die Seminare gut bewertet wurden, bot ich ihr an, beim kommenden Seminar mit dabei zu sein, sie sei ja schließlich schon eine Expertin für Autismus und andere psychischen Störungsbilder. In diesem Zuge könne sie auch gleich meine Folien und Unterlagen auf Vordermann bringen. Sie willigte ein und es entwickelte sich daraus eine bis heute andauernde gemeinsame und sehr erfolgreiche Dozententätigkeit. Irgendwann hat sie auch für verschiedene gemeinnützige Träger der Sozialen Arbeit selbstständig Seminartätigkeiten übernommen. Sie bildete sich fort, ist zertifizierte Systemische Beraterin und erhielt die Heilerlaubnis eingeschränkt auf das Gebiet der Psychotherapie (nach dem Heilpraktikergesetz). Damit waren ihr Türen und Tore geöffnet für weitere Tätigkeiten. So war sie freiberuflich als Trainerin in Maßnahmen der Agentur für Arbeit beschäftigt und sie bildete angehende Schulbegleiter im Umgang mit autistischen Kindern aus. Mittlerweile verdiente sie mit mehreren Jobs auf Honorarbasis deutlich mehr als im Volontariat, das sie gekündigt hatte.

Dann wurde ihr eine Festanstellung eines Trägers angeboten, der im Rahmen der Eingliederungshilfe überwiegend psychisch Erkrankte begleitet und unterstützt. Sie nahm an und ist dort jetzt seit einigen Jahren ebenfalls erfolgreich tätig, einerseits im Team bestens integriert und andererseits von den zu Betreuenden geschätzt und respektiert.

Ganz häufig kommt bei dieser Beschreibung dann die Frage der Studierenden und der Seminarteilnehmer, wie das denn überhaupt ginge. Kann jemand mit einer Autismus-Diagnose in der sozialen Arbeit überhaupt tätig sein? Ich gebe dann immer wieder zu bedenken, dass Fenna neben eines sehr breiten und tiefen Fachwissens mit ihrer strukturierten verbindlichen Art, dem „schnörkellosen" Kommunizieren und der sachlich geführten Auseinandersetzung alltäglicher Belange bei einem Großteil der Betreuten sehr gut ankommt. Im Gegenteil, sie wird sogar schon ganz bewusst als Betreuerin gewählt. In manchen Fällen ist sie sogar die einzige Mitarbeiterin, die einen konstruktiven Zugang schafft. Für die üblichen Probleme der Sozialen Arbeit, wie Nähe-Distanz oder Manipulationen, ist Fenna nicht empfänglich.

Somit hat sie verschiedene berufliche Nischen gefunden, die ihr teilweise besser bzw. schlechter liegen. Die tägliche freiberufliche Arbeit als Trainerin für Langzeitarbeitslose stellte sich letztlich als zu unflexibel und für sie zu wenig steuerbar heraus. Ihr Teilzeitjob hingegen bietet ihr jede Menge an Freiraum und persönlichen Gestaltungsmöglichkeiten bezüglich der Themen und der zeitlichen Strukturierung.

Darüber hinaus hat sie quasi nebenher ein komplett neues pädagogisches Master-Studium aufgenommen und beendet, um zukünftig noch mehr Optionen und Gestaltungsmöglichkeiten für ihren weiteren beruflichen Werdegang zu haben.

MIX
Papier aus verantwortungsvollen Quellen
Paper from responsible sources
FSC® C105338

If you have any concerns about our products,
you can contact us on
ProductSafety@springernature.com

In case Publisher is established outside the EU,
the EU authorized representative is:
**Springer Nature Customer Service Center GmbH
Europaplatz 3, 69115 Heidelberg, Germany**

Printed by Libri Plureos GmbH
in Hamburg, Germany